DESCUBRA LOS MISTERIOS DE
SUDOKU

Robin Hazzlewood

T0084348

GRUPO NELSON
Una división de Thomas Nelson Publishers
Desde 1798

NASHVILLE   DALLAS   MÉXICO DF.   RÍO DE JANEIRO   BEIJING

Editorial 10 Puntos es una división de Grupo Nelson
© **2006 Grupo Nelson**
Una división de Thomas Nelson, Inc.
Nashville, TN, Estados Unidos de América
www.gruponelson.com

Título en inglés: Su Doku Solver
© 2005 Kandour Ltd
Publicado por Kandour Ltd, Londres, Inchedglaterra

Editorial 10 Puntos ha hecho todo lo posible para asegurarse que el contenido de este libro sea preciso en el momento de hacer la publicación. No se puede responsabilizar a la editorial, autor o editores por cualquier error u omisión en esta publicación o por acciones que se puedan llevar a cabo como consecuencia de su uso.

Editora en jefe: Graciela Lelli
Tipografía: www.MarysolRodriguez.org

ISBN-13: 978-0-88113-009-6

Impreso en Estados Unidos de América

LA MANERA FÁCIL DE RESOLVER EL SUDOKU

El Sudoku es un enigma.

Aunque utiliza números, no se trata de matemáticas. Se trata de sentido común y simple lógica.

Hay muchas ideas acerca del lugar de origen de este enigma. No se sabe si es que surgió de un juego de enigmas parecido en los Estados Unidos o si empezó en el Japón.

Lo que sí sabemos es que se convirtió en un pasatiempos a comienzos del siglo XXI en todo el Japón y se difundió rápidamente al Occidente, especialmente a través de periódicos y revistas.

Todo lo que usted necesita para resolver un Sudoku es un lápiz y un borrador.

	9		7			5		
1	3					6	8	
4		9		6		1		
2			4		9		5	
9			3	1	5		4	
			5	6	1			
8						9		

Aquí tenemos un típico enigma Sudoku sin solucionar.

Para resolver el enigma usted tiene que llenar todas las columnas verticales y todas las filas horizontales de manera que cada una contenga todos los números del 1 al 9, y que cada uno de los nueve cuadrantes que contienen nueve casillas también tenga todos los números del 1 al 9.

2	6	9	1	7	8	5	3	4
7	1	3	2	5	4	6	8	9
8	4	5	9	3	6	2	1	7
3	2	1	4	8	9	7	5	6
5	8	4	6	2	7	3	9	1
6	9	7	3	1	5	8	4	2
9	3	2	5	6	1	4	7	8
1	5	8	7	4	2	9	6	3
4	7	6	8	9	3	1	2	5

Aquí tenemos un ejemplo de un enigma Sudoku que ha sido resuelto.

Si observa las columnas de arriba a abajo, las filas de un lado al otro y los nueve cuadrantes verá que efectivamente cada uno contiene todos los números del 1 al 9.

	A	B	C	D	E	F	G	H	I	
										a
		1			2			3		b
										c
										d
		4			5			6		e
										f
										g
		7			8			9		h
										i

Para que usted pueda comprender este método sencillo de resolver enigmas, primero necesita entender cuáles son las partes de la cuadrícula a las que me estoy refiriendo.

Primeramente, llamaré al total de 81 casillas del enigma la cuadrícula.

La cuadrícula está formada por nueve cuadrantes que he numerado del 1 al 9.

Cada uno de estos cuadrantes contiene nueve casillas a las que me referiré usando letras mayúsculas y minúsculas, tal como aparece en la figura, de la misma manera que en un gráfico. Por ejemplo, la casilla de la esquina superior izquierda de la figura se llama Aa.

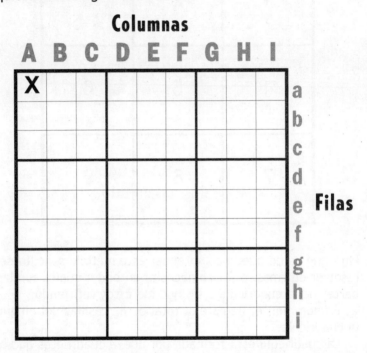

También me referiré a las filas horizontales y las columnas verticales usando letras.

Ahora estamos listos para resolver el enigma.

RESOLVIENDO UN SUDOKU

Resolviendo un Sudoku
casilla por casilla

ENIGMA NO. 1

A B C D E F G H I

		9		7		5			a
	1	3				6	8		b
	4		9		6		1		c
	2		4	**Ed**	9		5		d
									e
	9		3	1	5		4		f
			5	6	1				g
		8				9			h
									i

Voy a comenzar intentando llenar las casillas del cuadrante número 5 del centro, aunque usted puede empezar con cualquier cuadrante y cualquiera de las 81 casillas de la cuadrícula.

En el cuadrante número 5, voy a empezar con la casilla superior del centro, la Ed.

Lo primero que se hace es mirar de arriba a abajo la columna y de un lado al otro la fila donde se encuentra esta casilla, y también mirar alrededor del cuadrante donde se encuentra la casilla, para saber cuales números ya están allí.

Esto se debe a que el número en la casilla Ed no puede ser igual a los demás números en la fila horizontal, columna vertical o cuadrante donde se encuentra esta casilla. Esta es la regla básica del enigma.

En la columna E hay un 7, 1 y 6. En la fila d hay un 2, 4, 9 y 5. En el cuadrante número 5 hay un 4, 9, 3, 1 y 5. Ya que el número que usted está buscando no puede ser ninguno de éstos, usted tendrá que determinar qué números faltan del 1 al 9. El único número que no está en la columna E, en la fila d, ni en el cuadrante número 5 es el número 8; por lo tanto el número en la casilla Ed debe ser el 8.

PASO NO. 2

	A	B	C	D	E	F	G	H	I	
a			9		7		5			
b		1	3					6	8	
c		4		9		6		1		
d		2		4	8	9		5		
e					Ee					
f		9		3	1	5		4		
g				5	6	1				
h			8				9			
i										

Ahora vayamos una casilla abajo, a la referencia Ee de la cuadrícula.

Haga lo mismo que hice en el Paso No. 1: busque los números que ya están en la columna E, en la fila e y en el cuadrante número 5.

En la columna E están el 7, 8, 1 y 6; en la fila e no hay números; en el cuadrante número 5 están el 4, 8, 9, 3, 1 y 5. El único número del 1 al 9 que no está es el número 2. De manera que el 2 va en la casilla Ee.

	A	B	C	D	E	F	G	H	I	
			9		7		5			a
		1	3				6	8		b
		4		9		6		1		c
		2		4	8	9		5		d
				De	2					e
		9		3	1	5		4		f
				5	6	1				g
			8				9			h
										i

Ahora pasemos a la casilla que está a la izquierda: a la refe-
rencia De, de la cuadrícula. Nuevamente observe cuáles
números ya están en la columna D, la fila e y el cuadrante 5.

En la columna D hay un 9, 4, 3 y 5: en la fila e ahora hay
un 2; y en el cuadrante 5 ahora están los números 4, 8, 9,
2, 3, 1 y 5.

En este caso hay dos números que faltan del 1 al 9; el 7
y el 6. Ponga temporalmente a estos dos números en la
casilla mientras que observamos la última casilla Fe en el
cuadrante número 5.

	A	B	C	D	E	F	G	H	I	
a			9		7		5		
b		1	3				6	8	
c		4		9		6		1	
d		2		4	8	9		5	
e				7/6	2	**Fe**			
f		9		3	1	5		4	
g				5	6	1			
h			8				9		
i									

A estas alturas ya usted se debe estar sintiendo cómodo con el juego.

Después de haber visto la columna F, la fila e y el cuadrante 5, se dará cuenta de que el único número que falta es el 7. Esta casilla entonces es un 7 definitivo y ahora podemos sacar el 7 temporal de la casilla De, dejando solamente al número 6. Por lo tanto la casilla De ahora es un 6 definitivo.

	A	B	C	D	E	F	G	H	I	
a			9		7		5			
b		1	3				6	8		
c		4		9		6		1		
d		2		4	8	9		5		
e				6	2	7				
f		9		3	1	5		4		
g				5	6	1				
h			8				9			
i										

Ya se han encontrado todos los números del 1 al 9 en el cuadrante número 5.

Ahora tomemos otro cuadrante. Como dije anteriormente, puede ser cualquier cuadrante. Voy a tomar el que está encima del cuadrante número 5: el cuadrante número 2.

	A	B	C	D	E	F	G	H	I
a			9		7		5		
b		1	3	2	4/5	4	6	8	
c		4		9	3/5	6		1	
d		2		4	8	9		5	
e				6	2	7			
f		9		3	1	5		4	
g				5	6	1			
h			8				9		
i									

Comenzaré con la casilla Eb del centro del cuadrante número 2.

Siguiendo el mismo procedimiento que se usó para el cuadrante número 5, observe la columna vertical E de arriba a abajo, la fila horizontal b de un lado al otro y el cuadrante número 2 para ver qué números del 1 al 9 ya están allí.

Los números que ya están allí son el 1, 2, 3, 6, 7, 8, 9. Por lo tanto, hay dos números del 1 al 9 que faltan: el 4 y el 5. La casilla Ed podría ser cualquiera de ellos. Por el momento ponga estos dos números posibles en la casilla.

PASO NO. 6

Ahora vaya a otra casilla del cuadrante número 2.

Voy a tomar la que está debajo de la casilla del centro, la Ec. Después de ver los números que ya están en la columna E, la fila c y el cuadrante número 2, los únicos números que faltan son el 3 y el 5. Ponga estos dos números posibles en la casilla Ec y vaya a otra casilla en el cuadrante número 2.

PASO NO. 7

Tomaré la casilla Db. Después de ver los números que ya están en la columna D, la fila b y el cuadrante número 2, el único número que falta es el 2. Por lo tanto, esta casilla es el número 2.

PASO NO. 8

Nos vamos a otra casilla, la Fb; sigo nuevamente el procedimiento y determino que el único número que falta es el 4. Por lo tanto, la casilla Fb es el número 4.

Ahora que sabemos que la casilla Fb es un 4 definitivo, podemos ver las casillas donde hemos puesto números posibles: las casillas Eb y Ec. En el caso de Eb podemos eliminar el número 4 pues sabemos que la casilla Fb es 4. Esto deja solamente al número 5. Por lo tanto, esta casilla es el número 5.

Al mirar la casilla Ec ahora sabemos que la casilla Eb es el 5, por lo tanto, podemos eliminar el posible 5 de la casilla Ec, la cual ahora debe ser el 3.

	A	B	C	D	E	F	G	H	I	
			9	1	7	8	5			a
		1	3	2	5	4	6	8		b
		4		9	3	6		1		c
		2		4	8	9		5		d
				6	2	7				e
		9		3	1	5		4		f
				5	6	1				g
			8				9			h
										i

Ahora quedan dos números por identificar en las casillas Fa y Da del cuadrante número 2.

Siguiendo el procedimiento de costumbre, mirar las columnas, las filas y el cuadrante relacionados con estas dos casillas – determinamos que sólo quedan dos números que no se encuentran en el cuadrante, el cual, si usted recuerda, debe tener, al igual que las columnas y filas, todos los números del 1 al 9. Los dos números son el 1 y el 8. A la casilla Fa sólo le falta el 8 y a la casilla Da el 1.

		C	D	E	F	G	H	I	
		9	1	7	8	5			a
	1	3	2	5	4	6	8		b
	4		9	3	6		1		c
	2		4	8	9		5		d
			6	2	7				e
	9		3	1	5		4		f
			5	6	1				g
		8	7	4	2/3	9			h
			8	9	2/3				i

Ahora tenemos los cuadrantes 2 y 5 llenos. Continuemos.

Como ya casi hemos completado las columnas centrales D, E, y F, sugiero que vayamos al cuadrante 8 para acabar la parte central del enigma.

Nuevamente, al azar, comenzaré con la casilla del centro Eh. Al mirar la columna E de arriba a abajo, la fila h de un lado al otro y el resto del cuadrante 8, el único número que falta es el 4. Por lo tanto, la casilla Eh es el 4.

PASO NO. 11

Al dirigirnos a la casilla Dh y seguir el mismo procedimiento determinamos que el único número que falta es el 7. Por lo tanto, esta casilla es el 7.

PASO NO. 12

Al movernos lateralmente hacia Fh determinamos que hay dos números posibles que faltan, el 2 y el 3. Póngalos temporalmente en la casilla Fh.

Ahora al dirigirnos a la casilla Fi vemos que también faltan el 2 y el 3. Póngalos temporalmente en la casilla Fi.

Al movernos a Ei determinamos que el único número que falta es el 9. Por lo tanto, esta casilla es el 9 y la última casilla Di del cuadrante 8 es el número 8.

	A	B	C	D	E	F	G	H	I	
a	2/6	6	9	1	7	8	5	3	4	
b	7	1	3	2	5	4	6	8	9	
c	5/8	4	5	9	3	6	2/7	1	2/7	
d		2		4	8	9		5		
e				6	2	7				
f		9		3	1	5		4		
g				5	6	1				
h			8	7	4	2/3	9			
i				8	9	2/3				

Como he dicho anteriormente, podemos elegir enfocarnos en cualquier cuadrante o casilla. Ninguno tiene ventaja sobre el otro.

Por lo tanto, a continuación me fijaré en el cuadrante número 1 de la parte superior izquierda y, tomando la casilla Aa, determinamos al aplicar nuestro método de observar la columna A, la fila a y el cuadrante número 1 que hay dos números que le faltan a esta casilla: el 2 y el 6. Por lo tanto, pondremos temporalmente al 2 y al 6 en la casilla Aa.

Al dirigirnos a la siguiente casilla en la fila superior, la Ba, después de mirar la columna B, la fila a y el cuadrante 1 comprobamos que el único número que falta es el 6. Si esta casilla es el número 6 entonces la casilla Aa ahora debe ser el 2.

PASO NO. 14

Ahora pasemos a la casilla Ab. El único número que falta del 1 al 9 es el 7.

Al pasar a la casilla Ac, determinamos que faltan dos números: el 5 y el 8. Póngalos temporalmente en esa casilla y pase a la casilla Cc, la última del cuadrante, y determinará que el único número que falta es el 5. Ahora podemos regresar a la Ac y eliminar el 5 temporal en ese cuadrante, dejando el número 8 definitivo. El cuadrante número 1 ahora está completo.

PASO NO. 15

Vayamos ahora al cuadrante número 3 y tratemos de completar la fila superior a. Tomando la casilla Ha y mirando a la columna H, la fila a y los números del resto del cuadrante, determinamos que el único número que falta es el 3. Por lo tanto, esta casilla es el 3.

Ahora vayamos a la última casilla Ia de la fila superior a. Debido a que tenemos a todos los otros números de esta fila, no necesitamos mirar a la columna o el cuadrante; podemos determinar el único número que no está en la fila superior a, y ése será el número de este cuadrante, ya que una fila no puede tener dos números iguales.

El único número del 1 al 9 que falta en la fila superior a es el 4. Por lo tanto, éste debe ser el 4.

Usted puede revisar la columna I y el resto del cuadrante número 3 para ver si allí hay un 4.

Si lo hay, ha cometido un error durante el proceso.

Ahora nos dirigimos a los otros números del cuadrante número 3. A continuación tomemos la casilla Ib y, siguiendo nuestro método de observar las columnas, filas y cuadrantes, determinamos que el único número que falta es el 9.

También podemos comprobar esto al mirar toda la fila b, la cual ahora también está completa, para asegurarnos de que no haya otro 9 en ella.

Prosiguiendo con la casilla Ic determinamos que faltan dos números: el 2 y el 7. Póngalos temporalmente en esa casilla y vaya a la última del cuadrante, la Gc. Usted verá que a este cuadrante también le faltan el 2 y el 7.

	A	B	C	D	E	F	G	H	I	
a	2	6	9	1	7	8	5	3	4	
b	7	1	3	2	5	4	6	8	9	
c	8	4	5	9	3	6	2/7	1	2/7	
d	1/3/6	2	1/6/7	4	8	9		5		
e	1/3/4/5	3/5/8	1/4	6	2	7				
f	6	9	7	3	1	5		4		
g				5	6	1				
h			8	7	4	2/3	9			
i				8	9	2/3				

Ahora nos fijaremos en el cuadrante número 4, y usando el método de costumbre, determinamos que le faltan tres números a la casilla Ad: 1, 3 y 6. Ponga todos estos números temporalmente en la casilla. Al dirigirnos a la casilla Cd comprobamos que también faltan tres números: 1, 6, y 7. Póngalos temporalmente en la casilla.

Luego pasamos a la casilla Ce. Aquí faltan dos números: 1 y 4. Luego continuamos con la casilla Be, donde faltan tres números: 3, 5 y 8. Ponga todos éstos en la casilla.

Luego pasamos a la casilla Ae, en la cual faltan cuatro números: 1, 3, 4 y 5. Ponga todos estos números temporalmente en la casilla. Al dirigirnos a la casilla Af determinamos que sólo le falta un número, el 6. Esta casilla por lo tanto debe ser el 6.

Ahora podemos regresar a las casillas superiores del cuadrante número 4 y eliminar los números 6 temporales de las casillas Ad y Cd.

Es importante que, así como nos fijamos en los números del cuadrante, también nos fijemos en los números de la columna A y la fila f para ver si hay que eliminar otros números 6. Pero en este caso no hay otros.

PASO NO. 18

Ahora vayamos a la última casilla de este cuadrante, la casilla Cf.

Determinamos que el único número que falta para llenar esta casilla es el 7. Fijándonos en el cuadrante, la fila y la columna relacionadas con esta casilla, ahora podemos eliminar el 7 de la casilla Cd dejando solamente el número 1 en esta casilla.

Ya que la casilla Cd ahora es 1, podemos eliminar el 1 de la casilla Ad, dejando el 3 en esta casilla. También podemos eliminar el 1 de la casilla Ae y el 1 de la casilla Ce. La casilla Ce ahora se convierte en 4 y podemos eliminar el 4 de la casilla Ae dejando solamente el 5 en esta casilla.

Entonces podemos eliminar el 5 de la casilla Be y tenemos ya el cuadrante 4 completo. A continuación observe el paso número 19 para ver cómo se llena este cuadrante con números definitivos.

	A	B	C	D	E	F	G	H	I	
a	2	6	9	1	7	8	5	3	4
b	7	1	3	2	5	4	6	8	9
c	8	4	5	9	3	6	2/7	1	2/7
d	3	2	1	4	8	9	7	5	6
e	5	8	4	6	2	7	1/3	9	1/3
f	6	9	7	3	1	5	8	4	2
g				5	6	1			
h			8	7	4	2/3	9		
i				8	9	2/3			

Ahora vayamos al cuadrante número 6. Al llenarlo tenemos la ventaja de completar no sólo el cuadrante sino también las filas d, e y f.

En la casilla Gd determinamos que el único número que falta es el 7, en la casilla Id sólo falta el 6.

La casilla Ge tiene dos números temporales: el 1 y el 3. En la casilla He sólo falta un número: el 9. La casilla Ie también tiene dos números temporales: el 1 y el 3.

Verifique todos éstos con los otros números del cuadrante y con las filas d y e para asegurarse de que esté bien.

Pasemos a la última fila del cuadrante número 6. A la casilla Gf le falta un número, el 8, y la casilla If también tiene solamente un número, el 2.

Aunque hemos completado dos tercios del enigma, no podremos resolver las casillas en las que todavía tenemos números temporales hasta que veamos el último tercio.

	A	B	C	D	E	F	G	H	I	
a	2	6	9	1	7	8	5	3	4
b	7	1	3	2	5	4	6	8	9
c	8	4	5	9	3	6	2/7	1	2/7
d	3	2	1	4	8	9	7	5	6
e	5	8	4	6	2	7	1/3	9	1/3
f	6	9	7	3	1	5	8	4	2
g	4/9	3/7	2	5	6	1			
h	1	3/5	8	7	4	2/3	9		
i	4	3/5/7	6	8	9	2/3			

Ahora veamos el cuadrante número 7.

En la casilla Ag tenemos dos números temporales: el 4 y el 9. En la casilla Bg también tenemos dos números temporales: el 3 y el 7. Pero en la casilla Cg sólo hay un número posible: un número 2 definitivo.

Al bajar una fila encontramos un número definitivo para Ah, el número 1 y dos números temporales para Bh, el 3 y el 5.

En la última fila, la casilla Ai es un 4 definitivo, Bi tiene tres números temporales, el 3, el 5 y el 7, y la casilla Ci, la última de este cuadrante, es el 6.

A	B	C	D	E	F	G	H	I	
2	6	9	1	7	8	5	3	4	a
7	1	3	2	5	4	6	8	9	b
8	4	5	9	3	6	2/7	1	2/7	c
3	2	1	4	8	9	7	5	6	d
5	8	4	6	2	7	1/3	9	1/3	e
6	9	7	3	1	5	8	4	2	f
9	3/7	2	5	6	1	3/4	7	3/8	g
1	3/5	8	7	4	2/3	9	2/6	3	h
4	3/5/7	6	8	9	2/3	1/3	2	5	i

Ahora vayamos al último cuadrante, el 9.

Comenzando nuevamente con la fila superior g determinamos que la primera casilla, Gg, tiene dos números posibles, el 3 y el 4.

La segunda casilla, Hg, tiene un 7 definitivo, lo que significa que cuando miramos a lo largo de la fila g podemos eliminar el 7 de la casilla Bg, convirtiendo a ésta en un 3 definitivo. Luego podemos eliminar el 3 de la casilla Gg convirtiéndolo en un 4 definitivo.

Podemos entonces eliminar los otros números tres de este cuadrante ubicados en las casillas Bh y Bi.

Esto convierte a la casilla Bh en un 5 definitivo. Luego podemos eliminar el 5 que está debajo en la casilla Bi, convirtiendo esta casilla en un 7 definitivo.

Como puede ver por lo anterior, obtener el 7 definitivo en la casilla Hg afecta indirectamente a varias otras casillas.

Esto ocurre a menudo cuando se acerca al final de un enigma de Sudoku.

PASO NO. 22

Pasemos a la casilla Ig, ésta tiene un 8 definitivo y, en la última fila de abajo, la casilla Hh tiene dos números posibles, el 2 y el 6.

En la última casilla de esa fila, Ih, tenemos un 3 definitivo. Mirando la columna hacia arriba, ahora podemos eliminar el 3 en Ie convirtiéndolo en un 1 definitivo, y ahora se puede eliminar el 1 de ésta, convirtiendo a ésta en un 3 definitivo.

Mirando lateralmente a la fila h podemos eliminar el 3 en Fh convirtiéndolo en un 2 definitivo, y en la casilla de abajo, podemos eliminar el 2 convirtiendo la casilla Fi en un 3 definitivo.

Ahora pasemos a la última fila del último cuadrante del enigma Sudoku. Encontramos que la casilla Gi es un 1 definitivo. Ahora observamos que la casilla Hi es un 2 definitivo, y la última casilla, Ii, es un 5 definitivo.

El enigma ahora está resuelto. En esta fase simplemente verifique para asegurarse de que todas las filas, columnas y cuadrantes tengan todos los números del 1 al 9. Algunas veces descubrirá que hay dos números iguales en un cuadrante, fila o columna. Es entonces cuando usted comenzará a tirarse de los pelos.

	A	B	C	D	E	F	G	H	I	
a	2	6	9	1	7	8	5	3	4	a
b	7	1	3	2	5	4	6	8	9	b
c	8	4	5	9	3	6	2	1	7	c
d	3	2	1	4	8	9	7	5	6	d
e	5	8	4	6	2	7	3	9	1	e
f	6	9	7	3	1	5	8	4	2	f
g	9	3	2	5	6	1	4	7	8	g
h	1	5	8	7	4	2	9	6	3	h
i	4	7	6	8	9	3	1	2	5	i

RESOLVIENDO UN SUDOKU

Ahora usted sabe cómo
resolver un Sudoku básico.
Veamos un enigma más difícil.

ENIGMA No. 2

Resolviendo un Sudoku escaneando

Ahora usted entiende el método básico cuadrante por cuadrante del Sudoku. También existe la técnica de escaneo, la cual se fija en la composición total de la cuadrícula. Si usted observa la siguiente figura - Paso No. 1 – mire lateralmente los tres cuadrantes inferiores: 7, 8 y 9. Verá que hay un 9 en Bi y un 9 en Dh.

Por lo tanto, el último cuadrante de este grupo, el cuadrante número 9, tendrá que tener un 9 en la fila g, y este 9 sólo puede ir en el cuadrante Gg debido a que ya hay nueves en la columna H y en la columna I.

Este es el principio de escanear, cuando usted tiene el mismo número en dos cuadrantes de un grupo de columnas o filas, entonces ese número tiene que estar en el tercer cuadrante de ese grupo de columnas o filas.

Al ver la segunda figura – Paso No. 2 – esto también sucede con el número 7 en los cuadrantes 1, 3 y 6, donde el tercer 7 sólo puede estar en la casilla Be. También ocurre con el número 4 en los cuadrantes 2, 5 y 8, donde el tercer 4 sólo puede estar en la casilla Fc. Y lo mismo con el número 6 en los cuadrantes 3, 6 y 9, donde el tercer 6 sólo puede estar en la casilla Hc.

Finalmente se repite con el número 6 en los cuadrantes 2, 5 y 8, donde el tercer 6 sólo puede estar en la casilla Dg.

	A	B	C	D	E	F	G	H	I
a			7		5			4	9
b		8			6	9			
c	9						1		
d	3	1				6			
e				4		8			
f				7				9	6
g			3						2
h				9	4			3	
i	7	9			2		6		

	A	B	C	D	E	F	G	H	I	
a			7		5			4	9	
b		8			6	9				
c	9					4	1	6		
d	3	1				6				
e		7		4		8				
f				7				9	6	
g			3	6			9		2	
h				9	4			3		
i	7	9			2		6			

	A	B	C	D	E	F	G	H	I
a			7		5			4	9
b		8			6	9			
c	9					4	1	6	
d	3	1				6			
e		7		4		8			
f				7				9	6
g			3	6			9		2
h				9	4			3	
i	7	9			2		6		

A primera vista este enigma no parecer ser muy diferente del primer ejemplo.

Así que empecemos y veamos cuáles son los problemas.

Seguimos el mismo procedimiento de antes, haciendo una casilla a la vez y mirando la fila, columna y cuadrante relacionados con esa casilla.

Empezaremos viendo el cuadrante número 5.

Luego procedemos a trabajar con todas las casillas de ese cuadrante antes de pasar al siguiente.

	A	B	C	D	E	F	G	H	I	
			7		5			4	9	a
		8			6	9				b
	9					4	1	6		c
	3	1		2/5	9	6				d
		7		4	1/3	8				e
				7	1/3	1/2 3/5		9	6	f
			3	6			9		2	g
				9	4			3		h
	7	9			2		6			i

Comenzando con la casilla Dd en la fila superior del cuadrante número 5, determinamos que hay dos números posibles: el 2 y el 5. Luego en la siguiente casilla, Ed, hay un número definitivo: 9.

En la casilla Ee hay dos números posibles: el 1 y el 3. En la casilla Ef, también hay dos números posibles: el 1 y el 3. En la última casilla del cuadrante número 5, Ff, hay cuatro números posibles: 1, 2, 3 y 5.

Lo primero que hay que notar es que las casillas Ee y Ef tienen los mismos números posibles; y cuando dos casillas de una fila, columna o cuadrante tienen los mismos dos números posibles, y no otros, esos números sólo estarán en esas casillas.

Es importante saber esto.

En este caso una casilla será 1 y la otra 3, por consiguiente, tanto en el cuadrante número 5 como en la columna E no puede haber otro 1 ó 3 en ninguna de las demás casillas.

Por lo tanto, podemos eliminar el 1 y 3 en la casilla Ff dejando sólo los números posibles 2 ó 5. Fíjese que esto quiere decir que el cuadrante ahora tiene otras dos casillas, Dd y Ef, con los mismos números posibles.

Pasemos ahora al cuadrante número 2.

A B C D E F G H I

		7	1/2 3/8	5	1/2 3/7		4	9
	8		1/2/3	6	9			
9			2/3/8	7/8	4	1	6	
3	1		2/5	9	6			
	7		4	1/3	8			
			7	1/3	2/5		9	6
		3	6			9		2
			9	4			3	
7	9			2		6		

(columnas a la derecha: a b c d e f g h i)

Comenzando con la fila superior del cuadrante número 2 y desplazándonos hacia abajo fila por fila observamos que tenemos muchos números posibles en estas casillas.

Sin embargo, cuando llegamos a la fila inferior de este cuadrante, la fila c, y vemos la casilla central Ec, observamos que no hay un 3 posible en esta casilla ya que habíamos establecido que en la columna E las casillas Ee y Ef son 1 y 3, aunque todavía no estamos seguros de cuál encajará en cada casilla.

Pasando a la última casilla del cuadrante número 2, la Fc, determinamos que hay cuatro números posibles: 2, 3, 4 y 7. Además, debido a que no hay un 4 en ninguna de las otras casillas, ya sea definitivo o posible, entonces esta debe ser 4.

Es importante recordar que cuando cualquier casilla de una fila, columna o cuadrante completado tiene un número posible que no está en ninguna otra casilla de la fila, columna o cuadrante relacionado con ella, entonces este número debe ser el número definitivo de esa casilla.

De esta manera tenemos un 7 en la casilla Ec pero no en ningúna otra de este cuadrante. Por lo tanto, la casilla Ec debe ser 7.

PASO NO. 7

	A	B	C	D	E	F	G	H	I	
			7	1/2 3/8	5	1/2/3		4	9	a
		8		1/2/3	6	9				b
	9			2/3/8	7	4	1	6		c
	3	1		2/5	9	6				d
		7		4	1/3	8				e
				7	1/3	2/5		9	6	f
			3	6			9		2	g
				9	4			3		h
	7	9			2		6			i

Ahora hemos completado dos cuadrantes, pero varias de las casillas todavía contienen dos o más números posibles. Todas éstas tienen que permanecer indecisas hasta que se hayan llenado otras.

	A	B	C	D	E	F	G	H	I	
a			7	1/2 3/8	5	1/2/3		4	9	a
b		8		1/2/3	6	9				b
c	9			2/3/8	7	4	1	6		c
d	3	1		2/5	9	6				d
e		7		4	1/3	8				e
f				7	1/3	2/5		9	6	f
g			3	6	8	1/5/7	9		2	g
h				9	4	1/5/7		3		h
i	7	9		1/3/5	2	1/3/5	6			i

De manera que pasemos al cuadrante inferior, el número 8, en la sección central del enigma. Eg es un 8 definitivo. Los únicos otros números que podemos llenar son los potenciales.

PASO NO. 9

Una vez que haya terminado este último cuadrante de la sección central de la cuadrícula, asegúrese de ver las columnas D, E y F y las filas g, h, i para saber si hay algunos otros números que puedan ser eliminados.

Sin embargo, en esta etapa no hay ninguno.

	A	B	C	D	E	F	G	H	I	
a			7	1/2 3/8	5	1/2/3		4	9	a
b		8		1/2/3	6	9				b
c	9			2/3/8	7	4	1	6		c
d	3	1	2/4 5/8	2/5	9	6				d
e	2/5/6	7	9	4	1/3	8				e
f	2/4 5/8	2/4/5	2/4 5/8	7	1/3	2/5		9	6	f
g			3	6	8	1/5/7	9		2	g
h				9	4	1/5/7		3		h
i	7	9		1/3/5	2	1/3/5	6			i

A continuación, voy a pasar a la sección horizontal del centro de la cuadrícula y tomaré el cuadrante número 4.

Después de trabajar con las casillas encontramos muchos números posibles pero solamente uno definitivo en la casilla Ce donde hay un 9 que no está en ningúna otra casilla.

	A	B	C	D	E	F	G	H	I	
a			7	1/2 3/8	5	1/2/3		4	9	
b		8		1/2/3	6	9				
c	9			2/3/8	7	4	1	6		
d	3	1	2/4 5/8	2/5	9	6	2/4/5 7/8	2/5 7/8	4/5 7/8	
e	2/5/6	7	9	4	1/3	8	2/3/5	1/2/5	1/3/5	
f	2/4 5/8	2/4/5	2/4 5/8	7	1/3	2/5	2/3/4 5/8	9	6	
g			3	6	8	1/5/7	9		2	
h				9	4	1/5/7		3		
i	7	9		1/3/5	2	1/3/5	6			

Al pasar al cuadrante número 6 nuevamente nos encontramos con muchos números posibles pero ninguno definitivo aparte de los que se nos dieron originalmente.

Esto es característico de los enigmas más difíciles.

Una vez más, al terminar este cuadrante mire lateralmente todas las filas d, e y f para verificar que no haya casillas con un número que no esté en ninguna otra casilla en el cuadrante o fila.

	A	B	C	D	E	F	G	H	I	
	1/2/6	2/3/6	7	1/2 3/8	5	1/2/3		4	9	a
	1/2 4/5	8	1/2 4/5	1/2/3	6	9				b
	9	2/3/5	2/5	2/3/8	7	4	1	6		c
	3	1	2/4 5/8	2/5	9	6	2/4/5 7/8	2/5 7/8	4/5 7/8	d
	2/5/6	7	9	4	1/3	8	2/3/5	1/2/5	1/3/5	e
	2/4 5/8	2/4/5	2/4 5/8	7	1/3	2/5	2/3/4 5/8	9	6	f
			3	6	8	1/5/7	9	2		g
			9	4	1/5/7		3			h
	7	9	1/3/5	2	1/3/5	6	6			i

A continuación he tomado el cuadrante número 1 y una vez más solamente hay números potenciales aparte de los que se nos dieron originalmente.

	A	B	C	D	E	F	G	H	I	
	1/2/6	2/3/6	7	1/2 3/8	5	1/2/3	2/3/8	4	9	a
	1/2 4/5	8	1/2 4/5	1/2/3	6	9	2/3 5/7	2/5/7	3/5/7	b
	9	2/3/5	2/5	2/3/8	7	4	1	6	3/5/8	c
	3	1	2/4 5/8	2/5	9	6	2/4/5 7/8	2/5 7/8	4/5 7/8	d
	2/5/6	7	9	4	1/3	8	2/3/5	1/2/5	1/3/5	e
	2/4 5/8	2/4/5	2/4 5/8	7	1/3	2/5	2/3/4 5/8	9	6	f
			3	6	8	1/5/7	9		2	g
				9	4	1/5/7		3		h
	7	9		1/3/5	2	1/3/5	6			i

Al pasar al cuadrante número 3 de la sección superior, observamos que después de completarlo hay, nuevamente, sólo números potenciales.

	A	B	C	D	E	F	G	H	I	
a	1/2/6	2/3/6	7	1/2 3/8	5	1/2/3	2/3/8	4	9	a
b	1/2 4/5	8	1/2 4/5	1/2/3	6	9	2/3 5/7	2/5/7	3/5/7	b
c	9	2/3/5	2/5	2/3/8	7	4	1	6	3/5/8	c
d	3	1	2/4 5/8	2/5	9	6	2/4/5 7/8	2/5 7/8	4/5 7/8	d
e	2/5/6	7	9	4	1/3	8	2/3/5	1/2/5	1/3/5	e
f	2/4 5/8	2/4/5	2/4 5/8	7	1/3	2/5	2/3/4 5/8	9	6	f
g	1/4/5	4/5	3	6	8	1/5/7	9		2	g
h	1/2/5 6/8	2/5/6	1/2/5 6/8	9	4	1/5/7		3		h
i	7	9	1/4 5/8	1/3/5	2	1/3/5	6			i

Ahora pasamos a la sección inferior, comenzando con el cuadrante número 7.

También aquí, una vez completo, no encontramos números definitivos aparte de los que se nos dieron originalmente.

	A	B	C	D	E	F	G	H	I	
	1/2/6	2/3/6	7	1/2/3/8	5	1/2/3	2/3/8	4	9	a
	1/2/4/5	8	1/2/4/5	1/2/3	6	9	2/3/5/7	2/5/7	3/5/7	b
	9	2/3/5	2/5	2/3/8	7	4	1	6	3/5/8	c
	3	1	2/4/5/8	2/5	9	6	2/4/5/7/8	2/5/7/8	4/5/7/8	d
	2/5/6	7	9	4	1/3	8	2/3/5	1/2/5	1/3/5	e
	2/4/5/8	2/4/5	2/4/5/8	7	1/3	2/5	2/3/4/5/8	9	6	f
	1/4/5	4/5	3	6	8	1/5/7	9	1/5	2	g
	1/2/5/6/8	2/5/6	1/2/5/6/8	9	4	1/5/7	5/7/8	3	1/5/7/8	h
	7	9	1/4/5/8	1/3/5	2	1/3/5	6	1/5/8	1/4/5/8	i

Finalmente pasamos al último cuadrante de la cuadrícula, el cuadrante número 9.

Al completar éste, podemos entonces verificar si hay algunos números que aparecen en una casilla pero no en alguna fila, columna o cuadrante al que pertenece la casilla.

A B C D E F G H I

1/2/6	2/3/6	7	1/2 3/8	5	1/2/3	2/3/8	4	9	a
1/2 4/5	8	1/2 4/5	1/2/3	6	9	2/3 5/7	2/5/7	3/5/7	b
9	2/3/5	2/5	2/3/8	7	4	1	6	3/5/8	c
3	1	2/4 5/8	2/5	9	6	2/4/5 7/8	2/5 7/8	4/5 7/8	d
2/5/6	7	9	4	1/3	8	2/3/5	1/2/5	1/3/5	e
2/4 5/8	2/4/5	2/4 5/8	7	1/3	2/5	2/3/4 5/8	9	6	f
1/4/5	4/5	3	6	8	1/5/7	9	1/5	2	g
1/2/5 6/8	2/5/6	1/2/5 6/8	9	4	1/5/7	5/7/8	3	1/5 7/8	h
7	9	1/4 5/8	1/3/5	2	1/3/5	6	1/5/8	1/4 5/8	i

Una vez que se ha llenado la cuadrícula, necesitamos revisar todo para verificar que otros números no estén duplicados en las filas, columnas o cuadrantes.

Ahora me doy cuenta de que Ch debe ser 6, porque el 6 en Ch es el único 6 en la columna.

Vayamos ahora al paso número 17.

	A	B	C	D	E	F	G	H	I	
a	1/2/6	2/3/6	7	1/2 3/8	5	1/2/3	2/3/8	4	9	**a**
b	1/2 4/5	8	1/2 4/5	1/2/3	6	9	2/3 5/7	2/5/7	3/5/7	**b**
c	9	2/3/5	2/5	2/3/8	7	4	1	6	3/5/8	**c**
d	3	1	2/4 5/8	2/5	9	6	2/4/5 7/8	2/5 7/8	4/5 7/8	**d**
e	2/5/6	7	9	4	1/3	8	2/3/5	1/2/5	1/3/5	**e**
f	2/4 5/8	2/4/5	2/4 5/8	7	1/3	2/5	2/3/4 5/8	9	6	**f**
g	1/4/5	4/5	3	6	8	1/5/7	9	1/5	2	**g**
h	1/2/5 6/8	2/5/6	6	9	4	1/5/7	5/7/8	3	1/5 7/8	**h**
i	7	9	1/4 5/8	1/3/5	2	1/3/5	6	1/5/8	1/4 5/8	**i**

Nuevamente al mirar vertical y horizontalmente las filas, columnas y cuadrantes, veo que el 6 en la casilla Ae es el único de la fila e. Si es 6 podemos eliminar ese dígito de la casilla Aa, dejando un solo 6 en la fila a, en la casilla Ba.

Una vez que los números posibles 2 y 3 son eliminados de la casilla Ba, hay un solo 3 en la columna B, en la casilla Bc. Esto entonces elimina los números 3 de la fila c en la casilla Dc y el Ic.

A B C D E F G H I

1/2	6	7	1/2 3/8	5	1/2/3	2/3/8	4	9	a
1/2 4/5	8	1/2 4/5	1/2/3	6	9	2/3 5/7	2/5/7	3/5/7	b
9	3	2/5	2/3/8	7	4	1	6	5/8	c
3	1	2/4 5/8	2/5	9	6	2/4/5 7/8	2/5 7/8	4/5 7/8	d
6	7	9	4	1/3	8	2/3/5	1/2/5	1/3/5	e
2/4 5/8	2/4/5	2/4 5/8	7	1/3	2/5	2/3/4 5/8	9	6	f
1/4/5	4/5	3	6	8	1/5/7	9	1/5	2	g
1/2/5 6/8	2/5	6	9	4	1/5/7	5/7/8	3	1/5 7/8	h
7	9	1/4 5/8	1/3/5	2	1/3/5	6	1/5/8	1/4 5/8	i

Ahora veamos la fila g. Lo interesante es que el número posible 4 aparece en sólo dos de las casillas, la Ag y la Bg. Por lo tanto, una de estas casillas debe ser 4. Lo que quiere decir que, en el cuadrante 7, la casilla Ci no puede ser un 4. Si se elimina el 4 en Ci, el único 4 que queda en la fila i está en Ii, por lo tanto, esa casilla es un 4 definitivo.

Usted entonces puede eliminar el 4 de la columna en la que se encuentra, en la casilla Id.

El siguiente número solo que observo es el 1 en la casilla Ef. El efecto indirecto de esto es convertir a la casilla que está encima en un 3 definitivo; lo cual elimina el 3 en la casilla Ie de esa fila, y convierte el 3 de la casilla Gf, en la fila f, en definitivo.

Entonces el 3 en la casilla Gf elimina el 3 en las casillas Ga y Gb de la columna G, y, como el 3 en Ic ya ha sido eliminado, la única casilla que tiene un 3 y que está en el cuadrante número 3 es la casilla Ib. Esto entonces elimina el 3 de la fila b en la casilla Db.

PASO NO. 19

	A	B	C	D	E	F	G	H	I	
a	1/2	6	7	1/2 3/8	5	1/2/3	2/8	4	9	
b	1/2 4/5	8	1/2 4/5	1/2	6	9	2/5/7	2/5/7	3	
c	9	3	2/5	2/8	7	4	1	6	5/8	
d	3	1	2/4 5/8	2/5	9	6	2/4/5 7/8	2/5 7/8	5/7/8	
e	6	7	9	4	3	8	2/5	1/2/5	1/5	
f	2/4 5/8	2/4/5	2/4 5/8	7	1	2/5	3	9	6	
g	1/4/5	4/5	3	6	8	1/5/7	9	5/7/8	2	
h	1/2/5 6/8	2/5	6	9	4	1/5/7	5/7/8	3	1/5 7/8	
i	7	9	1/4 5/8	1/3/5	2	1/3/5	6	1/5/8	4	

Al continuar buscando números solos, podemos ver que hay un 4 en la casilla Gd, el único 4 en la columna G. Por lo tanto, éste debe ser definitivo. Podemos entonces eliminar el 4 en la casilla Cd.

Una vez hecho esto, podemos ver que hay números posibles: 7 y 8 en las casillas Hd e Id que no están en ninguna casilla en el cuadrante número 6. Por lo tanto, podemos eliminar los números potenciales: 2 y 5 en la casilla Hd y el 5 de la casilla Id. Ya que una de las casillas Hd e Id debe ser 7 y la otra debe ser 8, también podemos eliminar el 8 de la casilla Cd.

	A	B	C	D	E	F	G	H	I	
a	1/2	6	7	1/2 3/8	5	1/2/3	2/8	4	9	a
b	1/2 4/5	8	1/2 4/5	1/2	6	9	2/3 5/7	2/5/7	3	b
c	9	3	2/5	2/8	7	4	1	6	5/8	c
d	3	1	2/4 5/8	2/5	9	6	4	7/8	7/8	d
e	6	7	9	4	3	8	2/5	1/2/5	1/5	e
f	2/4 5/8	2/4/5	2/4 5/8	7	1	2/5	3	9	6	f
g	1/4/5	4/5	3	6	8	1/5/7	9	1/5/7	2	g
h	1/2/5 6/8	2/5	6	9	4	1/5/7	5/7/8	3	1/5 7/8	h
i	7	9	1/4 5/8	1/3/5	2	1/3/5	6	1/5/8	4	i

Ahora hemos alcanzado un nivel donde ya no hay más números solos o combinados que nos hagan avanzar.

Esto pasa a menudo con los enigmas más difíciles de Sudoku más difíciles.

La única manera de avanzar es adivinar entre dos opciones y ver qué pasa. Aquí por ejemplo, en el cuadrante número 5 tenemos dos casillas que contienen números posibles idénticos: casillas Dd y Ff que tienen los números 2 y 5.

Para avanzar necesitamos tomar una decisión. En este caso escogeré el 2 para la casilla Dd y el 5 para la casilla Ff. Esta elección es totalmente arbitraria.

A estas alturas vale la pena dibujar una segunda cuadrícula con los números que tiene hasta el momento, de manera que si su elección resulta ser la equivocada usted puede regresar y escoger la otra opción.

De aquí en adelante, usted tendrá que mantenerse buscando números solos u otras maneras posibles de encontrar números definitivos por toda la cuadrícula. Esto no es simplemente un proceso paso a paso sino un caso de escaneo y de ver repentinamente la siguiente movida.

PASO NO. 21

	A	B	C	D	E	F	G	H	I	
a	1/2	6	7	1/2 3/8	5	1/2/3	2/8	4	9	a
b	1/2 4/5	8	1/2 4/5	1/2	6	9	2/5/7	2/5/7	3	b
c	9	3	2/5	2/8	7	4	1	6	5/8	c
d	3	1	5	2	9	6	4	7/8	7/8	d
e	6	7	9	4	3	8	2/5	1/2/5	1/5	e
f	2/4 5/8	2/4/5	2/4 5/8	7	1	5	3	9	6	f
g	1/4/5	4/5	3	6	8	1/5/7	9	1/5/7	2	g
h	1/2 5/8	2/5	6	9	4	1/5/7	5/7/8	3	1/5 7/8	h
i	7	9	1/5/8	1/3/5	2	1/3/5	6	1/5/8	4	i

A causa de la elección que hicimos, ahora podemos eliminar todos los números 2 de la columna D y la fila d. También podemos eliminar cualquier otro 5 de la columna F y la fila f.

Al observar con mayor amplitud podemos ver que ahora hay solamente un 2 en el cuadrante número 2, ya que hemos eliminado los números 2 de la columna D en el cuadrante número 2. La casilla Fa ahora es un 2 definitivo.

Así que podemos eliminar el otro 2 posible de la fila a, el de la casilla Ga.

	A	B	C	D	E	F	G	H	I	
	1	6	7	1/3/8	5	2	8	4	9	a
	1/2 4/5	8	1/4/5	1	6	9	2/5/7	2/5/7	3	b
	9	3	2	8	7	4	1	6	5/8	c
	3	1	5	2	9	6	4	7/8	7/8	d
	6	7	9	4	3	8	2/5	4/2/5	1/5	e
	2/4/8	2/4	4/8	7	1	5	3	9	6	f
	4/4/5	4/5	3	6	8	1/7	9	1/5/7	2	g
	4/2 5/8	2/5	6	9	4	1/7	5/7/8	3	4/5 7/8	h
	7	9	1/5/8	1/3/5	2	1/3	6	1/5/8	4	i

Ahora observe el efecto que estos cambios han tenido sobre el resto del enigma.

Comenzando con la columna D, podemos eliminar el 1 y 8 de la casilla Da ya que tenemos un 1 definitivo en la casilla Db y un 8 definitivo en la casilla Dc. El 2 en la casilla Aa ahora también puede ser eliminado porque hay un 2 definitivo en Fa. Además, ya que hay un par de números 2 y 7 en las casillas Gb y Hb, se puede eliminar el 2 en la casilla Ab, así como también el 1, porque hay un 1 definitivo en Aa. También se puede borrar el 1 de la casilla Cb.

Estas eliminaciones no se llevan a cabo siguiendo un orden particular, sino simplemente, tan pronto vea un número posible que se haya convertido en redundante debido a que hay un número definitivo en la misma columna, fila o cuadrante.

De manera que ahora, en la columna G, al ver que Ga se ha convertido en un 8 definitivo, podemos eliminar el 8 de la casilla Gh y el 8 de Ic. Esto convierte a Ic en un 5 definitivo. Entonces podemos desechar los otros números 5 de la columna I, los de las casillas Ie e Ih, y también los números 5 del cuadrante número 3, en las casillas Gb y Hb.

PASO NO. 23

	A	B	C	D	E	F	G	H	I	
a	1	6	7	3	5	2	8	4	9	
b	4/5	8	4/5	1	6	9	2/7	2/7	3	
c	9	3	2	8	7	4	1	6	5	
d	3	1	5	2	9	6	4	7/8	7/8	
e	6	7	9	4	3	8	2/5	1/2/5	1	
f	2/4/8	2/4	4/8	7	1	5	3	9	6	
g	1/4/5	4/5	3	6	8	1/7	9	1/5/7	2	
h	1/2 5/8	2/5	6	9	4	1/7	5/7	3	5/7/8	
i	7	9	1/5/8	1/3/5	2	1/3	6	1/5/8	4	

Ahora tenemos un 1 definitivo en la casilla Ie, así que podemos eliminar el 1 de la casilla He.

Al fijarnos en el cuadrante número 8, podemos ver que tenemos el 1 y el 7 en dos casillas. Por lo tanto, podemos eliminar los números 1 en las demás de ese cuadrante porque tenemos dos números iguales en dos casillas del cuadrante, lo que quiere decir que uno u otro de esos números debe de pertenecer a una u otra de esas casillas. Esto deja al 3 en la casilla Fi. Entonces podemos eliminar el 3 de la casilla Di dejando el 5 en la casilla Di. Luego podemos borrar el 5 de la casilla Ci.

Al ver la columna C, como ahora hay un 5 definitivo en la casilla Cd, podemos eliminar el 5 de Cb, dejando un 4 definitivo allí. Esto nos permite excluir el 4 de la casilla Ab, dejando un 5 definitivo en ella.

Ahora en la columna C podemos eliminar el 4 de la casilla Cf y obtenemos un 8 definitivo. Esto quiere decir que podemos desechar los números 8 de las casillas Af y Ci. Al deshacernos del 8 en Ci el Hi se convierte en un 8 definitivo.

Ahora pasemos a la siguiente página para ver con claridad cuánto hemos avanzado.

Faltan unas cuantas casillas más para terminar.

	A	B	C	D	E	F	G	H	I
a	1	6	7	3	5	2	8	4	9
b	5	8	4	1	6	9	2/7	2/7	3
c	9	3	2	8	7	4	1	6	5
d	3	1	5	2	9	6	4	7/8	7/8
e	6	7	9	4	3	8	2/5	2/5	1
f	2/4	2/4	8	7	1	5	3	9	6
g	4	4/5	3	6	8	1/7	9	1/7	2
h	8/2	2/5	6	9	4	1/7	5/7	3	7
i	7	9	1	5	2	3	6	8	4

Pero, al mirar lateralmente la fila h, podemos ver que sólo hay un 8 allí, en Ah. Por lo tanto, ésta es un 8 definitivo.

Entonces el 4 definitivo en la casilla Ag elimina al 4 en Bg y lo convierte en un 5 definitivo, y Bh por lo tanto es un 2 definitivo.

El 4 en la casilla Ag también desaloja al 4 de la casilla Af, convirtiéndola en un 2 definitivo y también a la casilla Bf en un 4 definitivo.

El 7 definitivo en la casilla Ih elimina los números 7 de las casillas Fh y Gh, lo cual permite borrar al 1 de la casilla Fg y al 7 de la casilla Hg.

El 7 en la casilla Id también se borra dejando un 8 definitivo en Id y, por lo tanto, un 7 definitivo en Hd, el cual deja un 2 definitivo en Hb, que a su vez produce un 7 definitivo en Gb. El 2 entonces desaparece de la casilla He y el 5 de la casilla Ge.

A	B	C	D	E	F	G	H	I
1	6	7	3	5	2	8	4	9	a
5	8	4	1	6	9	7	2	3	b
9	3	2	8	7	4	1	6	5	c
3	1	5	2	9	6	4	7	8	d
6	7	9	4	3	8	2	5	1	e
2	4	8	7	1	5	3	9	6	f
4	5	3	6	8	7	9	1	2	g
8	2	6	9	4	1	5	3	7	h
7	9	1	5	2	3	6	8	4	i

El enigma está resuelto.

Para comprobarlo, vuelva a revisar todos los cuadrantes, filas y columnas para asegurarse de que cada uno tiene todos los números del 1 al 9.

A propósito, si hubiéramos hecho una elección diferente en la figura 14, habríamos descubierto que el enigma rápidamente nos habría llevado a un callejón sin salida.

Tuvimos suerte.

Después de este breve entrenamiento usted debe estar listo para enfrentar cualquier problema.

Buena suerte con su Sudoku en el futuro.

FÁCIL

1

			1	3				
	3		5	4		2		9
6					2		5	
5						8	3	
1	8	2	6	5	3	4	9	7
	7	3						5
	2		3					1
8		7		1	5		6	
				9	7			

2

9	7		2					6
		8				2		1
	1	2	7			9	8	
				2		1		7
			9	6	7			
7		6		4				
	4	3			9	5	1	
1		7				6		
2					8		4	9

3

	2	9	7		1	8		
		6						2
3					6		7	9
2		5		7				8
			8		2			
8				6		9		3
4	5		3					1
9						3		
		1	9		8	2	4	

4

9		5		3			7	2
				2			4	9
	7	3			4		1	5
		6	7	9		4		1
4		8		5	1	2		
7	8		4			9	3	
6	3			7				
5	1			8		7		4

5

		4		6		9		
					3	4		
3	7	8	4		2	6		1
	3	9	6		4	1		
7								9
		5	9		7	3	6	
6		7	3		1	8	9	2
		3	2					
		1		7		5		

6

	5					8		
	8			2		6	3	9
			1		3	7		2
	3			5	1	4	7	
		6		4		3		
	4	7	8	3			2	
8		5	4		2			
1	7	3		6			4	
		4					9	

7

5			3	7	9			8
	7				2		3	
		1		6		5		
7	6			4				1
2		3	9		6	8		7
4				3			9	6
		7		2		1		
	5		6				8	
9			1	8	3			5

8

				5	4			2
	9		6	3	2		8	
3	2	5	8			9		
8			3			2		1
		7				6		
9		3			7			8
		8			6	3	5	9
	3		7	4	9		1	
1			5	8				

9

9		3		8	5	7		4
		2					5	
5	7	8	3				6	
					3			9
			1	9	6			
6			4					
	8				1	4	9	2
	3					8		
1		4	8	2		5		6

5					9			1
8								4
	9	2		1	5	6	7	
	3		5		6		9	
	7	9				2	6	
	8		2		7		1	
	2	6	7	8		5	3	
7								6
9			3					2

		2			1		9	
8	9						7	
			9	5	8			4
9		3	7		4	8		
		6		1		7		
		5	6		3	4		9
1			3	9	2			
	4						8	2
	5		8			3		

	6		2				5	
1		9		4				2
		4		1		8	3	
			7		1			3
	9	1				4	6	
6			9		4			
	1	6		9		3		
3				7		2		5
	5				3		1	

1						7		5
			8	5	7	9		6
		5	9	6			3	
9		8	6					4
		4		8		2		
5					9	8		7
	5			9	8	1		
2		9	1	3	6			
8		1						9

				9		8	7	
1		6				2		
2	9	8		1	7	6	5	
		3		7				
7		9	6		1	4		2
				4		3		
	2	7	4	5		1	9	6
		1				5		8
	8	4		6				

	6							2
7	1		6		8	4	5	3
			4	7			6	
1		3			9		4	6
			3		4			
5	4		8			2		1
	5			8	6			
4	7	8	9		1		2	5
9							1	

1		7		4	2	8		3
	4		7				1	
8				3	1			7
5		1					8	
4		8				3		6
	3					1		5
9			2	7				8
	6				3		4	
3		4	1	6		7		2

				1				
	7	2	8	6	5		1	
		9	3			8	2	
	1					2	3	
8	3						9	7
	9	6					5	
	8	1			3	7		
	6		4	5	2	3	8	
				7				

18

	6	5	1	7		3		
				4		9		8
9	7		3	8				1
						2		4
5	4	9				7	1	3
3		2						
4				1	3		9	6
1		3		6				
		8		9	5	1	3	

19

		7	3				1	6
		6		7	5	2	3	
4	3		6					
9			4	3	2	7		
				9				
		3	8	5	6			1
					9		7	8
	5	9	7	4		6		
7	6				3	1		

3					5			
7		2	6	8		4	3	
		1	7	4				2
1			8					4
5	2		1		4		6	7
6					2			1
2				5	8	1		
	1	3		2	7	8		6
			3					9

21

3			7			1		8
	8					4	3	
1	5	7	8			2		
			5	7	8	9		3
			4		2			
4		8	3	1	9			
		4			3	7	2	5
	6	5					1	
7		2			5			4

22

		1		4				3
8	3			1	2		7	
			9			2		8
			7	5		3		6
3		7		2		1		5
5		2		8	6			
6		5			8			
	2		6	7			4	1
1				3		6		

1				6		2	8	
							9	5
2		5	8				1	
		6		5	2			8
9		2	4		7	1		6
7			6	8		9		
	2				9	8		1
3	6							
	9	4		1				3

24

5				3			1	2
1					5	7		
	9	8	7		1	5		
	6	7	5		3	9		
4								6
		3	1		6	2	5	
		9	3		4	6	2	
		6	9					8
3	2			6				5

			2	1			9	8
	2	8		7		1		5
1		3			5			4
6	9		5				8	
7								2
	3				2		7	9
4			7			2		3
2		5		6		9	4	
3	7			2	1			

26

		8				7		4
6			8	7	4	1	3	
4				1			5	2
8			7		3			
	5		1		9		4	
			5		2			1
7	3			9				5
	6	9	3	2	1			7
1		4				2		

27

		3	5					4
4				9	3		6	1
					4	3	8	7
9	4				5	7		
3			4		9			2
		1	6				9	3
1	5	6	8					
8	3		9	6				5
2					1	6		

	4			2	3			
	3	1		8	9	2		
9							1	4
3	7							6
6	9		3	5	1		7	2
1							5	3
8	5							1
		9	7	1		8	3	
			8	3			2	

29

2		7			9	4	8	3
						5		1
	1		4				7	2
			1		8	3		7
	7			2			6	
6		5	3		7			
1	9				6		4	
7		6						
8	5	2	7			9		6

30

		4	6	3				9
		9	8				2	
3	8	1						4
		7	9		4		6	
	5		1	2	8		3	
	2		3		6	1		
7						9	1	8
	1				9	7		
8				1	5	2		

	1		6		8	5		
				3		6		7
6	4		9	2				
8			4		3	1		5
	9	5				3	6	
1		4	5		7			8
				8	9		5	6
9		6		4				
		8	7		6		3	

	9	7		2	8		5	
4	1			7		8	2	
8		5	1					
5							3	
	3		8		1		7	
	6							5
				6	7			9
	7	4		8			6	2
	5		2	4		3	8	

7				5	3	9		1
	4	1	6		7		3	
3					2		7	
1	8	4					5	
5								9
	6					1	2	8
	9		1					6
	1		5		6	7	9	
6		5	9	2				3

34

5				4	7	8		1
	6			5	8	9	3	
		6						5
			7		5	1		
	2	5	9		6	7	4	
		6	2		4			
6				9				
	1	9	8	6			5	
2		4	5	7				8

35

2			5	6			7	4
8		7			9			
		1		4		2	3	
	3							5
7		2		1		9		3
5							2	
	2	9		8		5		
			9			4		2
1	6			2	4			8

		9	7	8		2		6
	6		3				9	
5		2			9	7		8
	5		4					
		6	5	3	2	4		
					7		8	
4		3	8			9		7
	9				3		4	
1		8		4	6	5		

37

8	4			5		7		
	2		3			9	6	8
			7		8	4	5	
9			6		5		3	
				9				
	5		8		3			9
	6	9	2		7			
3	8	4			9		2	
		1		3			9	6

38

				7			8	
9			4		5			
		2	9		8	6		
	9	5		4		8	1	
7			5		1			6
	3	1		6		5	2	
		9	7		3	4		
			2		9			5
	5			8				

	6			4	2			
		9		7	5			2
		7	9			8	5	
4	8			9		2		
5	7		2		4		9	8
		2		5			4	3
	3	8			7	5		
1			3	2		7		
			5	8			6	

40

9		8		1	7			4
					6			8
		4			9	3	7	6
3				8		2		
	8	9				1	4	
		2		9				7
8	3	6	2			4		
1			4			7		
2			9	6		8		5

				9		1	8	6
4			3		5			7
9		8						
	2	7			6		4	
	5		8	2	4		7	
	6		9			8	5	
						7		4
7			1		9			3
6	4	3		5				

42

	8			6		7	3	
	7				1			
1					3	4		9
6			7	9	8			
7		5		1		9		6
			3	5	6			4
5		1	6					8
			9				1	
	9	3		2			4	

43

	6	4	7	9				5
	7	2		4			6	
			2		8		7	
2	1	3		5				
7			6		9			4
				3		5	2	7
	9		3		4			
	5			1		7	4	
4				7	6	8	3	

44

					9	1		7
4			3	5	8		6	
	9	8		7				
	3	6	2				9	
		4		6		7		
	1				5	6	3	
				8		5	2	
	6		7	2	1			3
1		2	5					

9				2	6			3
5	8	4		1				
	2		7		8	5		
		1			5			2
		2		8		3		
8			2			1		
		8	4		7		2	
				5		7	3	9
3			6	9				8

7			9					4
	8	2	4		5		9	
			1	3			2	
	4					8	5	2
		1		8		3		
2	3	8					6	
	1			4	7			
	7		2		9	4	1	
8					1			6

47

		4				7	6	8
	5	2				3		
					4	2		9
9	3			7	6		8	
4		5		8		6		2
	6		4	5			7	1
5		9	6					
		7				1	4	
6	1	3				5		

1			8		3	4		
2	9	3		1				
7		8	6		2	3		
	5				8	1		
				3				
		7	1				9	
		9	3		7	8		1
				8		7	5	4
		4	5		1			3

49

9		2	3	7	6			4
		7			4	2		
	6		1				7	8
4	1					7		9
5								6
8		3					1	5
6	9				3		4	
		8	9			6		
7			6	4	8	5		2

5		7		2			8	3
	9		5	7				
1					8			7
	3		7	9				8
	6	1		8		9	3	
9				6	3		7	
2			3					9
				4	9		2	
8	7			1		3		4

	9	7			6			5
	1					4	7	
6				3	7	8		9
		1	3		5	6		
		9				3		
		4	6		8	9		
4		8	2	6				3
	3	6					8	
9			8			7	6	

52

	4		7		3		2	
2					6	4		3
1			4				8	
5						9	6	
3		8	9	4	5	2		1
	1	7						5
	9				7			2
6		2	1					4
	8		5		4		1	

1				7			2	8
8		3						
			8		2		9	
		4	7	1	8	2		
9			5	3	4			7
		7	6	2	9	5		
	3		2		1			
						8		2
2	5			8				3

54

	3			8		9	6	
4			3	7				8
9		8	1			4		
						8	1	
1	8			3			2	5
	5	6						
		3			1	5		2
5				6	2			3
	7	2		9			4	

55

8			3		6	4		9
	4	9	5				7	
6							3	
9				6			2	4
			8		1			
4	5			2				7
	7							8
	6				9	7	5	
1		8	6		7			3

56

8		2		4		6		3
		5				1		
			9		8			
7	8			2			6	1
	2	3	8	1	5	7	9	
9	5			6			3	2
			4		2			
		9				4		
1		7		5		9		8

8				9		2		5
		4	7					
3		1			4	7	9	
		9	2		7		5	
4				6				1
	1		4		8	9		
	9	6	8			1		2
					1	6		
1		2		7				9

			1	7		6		
	9			3		2		7
				4			1	3
	1	3		6			4	8
5				1				6
2	6			8		7	9	
8	7			9				
6		9		2			7	
		2		5	8			

59

	6		4		2	1		5
			9	7			2	
1		2		8			3	7
		5		1	4			3
	2						7	
9			3	5		6		
8	1			4		2		9
	9			2	5			
2		3	8		9		4	

1			8		4			7
	3		9	2		4	5	
	4	6	5			8		
8						5	7	6
	9						3	
3	5	7						4
		9			1	3	6	
	7	3		5	2		8	
5			3		9			2

61

1			5		4			8
	6			3		9	4	
	4			8	6			
3		2		5				9
	7	4	8		3	1	5	
5				2		7		4
			3	7			8	
	3	8		1			9	
2			6		8			5

62

	5				9	2		
	4		2			3	5	8
7	2		6					
5			1		6	7	8	
				9				
	6	9	7		8			2
					5		2	4
1	8	5			4		9	
		4	9				3	

		8			5		3	
	2	3		4			5	
	5	1				8	6	
2				8	1	7	9	
	3			6			2	
	8	7	3	9				5
	7	6				3	8	
	9			2		4	1	
	1		6			5		

4				3			9	
3	5			2	8	1		
	6	8		1				
	4		8		5			1
	9		2	6	1		4	
1			3		7		2	
				7		9	1	
		5	4	8			7	2
	2			5				6

	6	2	3		8	9		
	9	8		6	2			3
9			8	5	4	3		1
2				9				6
3		4	6	2	1			8
4			2	1		8	6	
		7	4		6	5	1	

	5	3	4		2	9	6	1
					1	8		
	2				8	3	7	
		8	6	1				
5	9						1	8
				4	5	6		
	6	5	1				3	
		2	3					
1	3	4	2		6	7	8	

67

				7		1		
1		9			8		4	
8	2	5			6		9	3
		1					5	
	6	2	3	8	9	4	1	
	4					3		
4	1		8			2	7	5
	5		1			8		4
		3		4				

6								1
	9	4			8		6	
		1		3	2	7	4	
	6	5		4				
		8	9	6	3	5		
				2		1	7	
	5	9	3	7		4		
	2		5			6	8	
4								7

3		4			2	1		5
					5			
2		5	9	4		6		7
5	3					9		
		1		5		2		
		2					5	6
4		6		2	9	8		3
			8					
1		8	6			7		9

1	8			9	6			2
	4		7				8	6
		7				4		
2				4			3	
7			9	8	3			5
	9			1				4
		6				8		
4	3				2		6	
8			5	6			9	3

			4	7		9		
		4	6		3	5		2
				9		3		
		9		5		2		1
2			9	3	4			7
5		6		2		4		
		7		4				
9		2	5		8	7		
		5		6	9			

3		4		6	9			1
6	1							
		2	3	4		8		
		3	9	7		1		5
	2	9				6	7	
8		1		5	4	9		
		6		9	7	5		
							4	2
1			8	2		7		6

		2	5				9	
1				6	8	5		
	7	8	9			3		1
	4					8		6
	2						4	
7		6					3	
8		3			1	7	2	
		7	8	2				3
	5				6	1		

74

2	3		7				1	5
	5	6			1		4	
7			8				3	
	7	3	1	2				
4								1
				5	4	3	7	
	6				3			2
	4		5			9	6	
5	9				6		8	3

75

	7				5	9	8	
9					2	3		1
1	6	4			8	2		
6	3	9		7				
			5		6			
				8		7	6	3
		6	4			1	3	2
5		7	6					4
	4	3	8				5	

7						2	1	6
1		4			5	3		
6	9			7			5	
	6		3		4			
		8		9		4		
			5		2		8	
	4			2			6	8
		6	4			7		1
2	7	1						3

		3	8	2			9	
1				7	3			
					5			3
	1	2	3		7			9
9	6			1			5	4
8			5		9	1	7	
4			6					
			9	5				7
	2			3	4	9		

78

	2	3					6	7
7				8				4
1	4		6				9	
		1		4	3		8	
3		2		6		9		1
	8		5	1		7		
	3				6		2	8
4				5				6
2	6					5	1	

		4		9	3	1		
	3		4				5	
8				1	7			3
6		9					8	
5		8		3		7		1
	1					9		2
9			1	6				7
	7				2		1	
		2	3	7		8		

	8	7						1
4	9		1	2				7
		3		7				4
	2		6		4		8	
3			5	9	7			6
	7		2		1		4	
7				1		9		
8				4	2		5	3
5						4	7	

81

7		5	9		3		8	2
2				5		7		
	8		1					4
1			8		5	4		3
	5						1	
8		4	6		7			9
3					9		7	
		2		8				1
4	7		3		1	6		5

4		9			3		8	7
		7	4	8				
6			7		5	2	4	
		8					2	3
			8		2			
1	9					8		
	3	1	5		6			2
				2	4	7		
7	2		9			6		5

4	8	9	5	2				1
	6				4		8	2
				1				9
	5		7		3			4
3		6				8		7
2			4		5		3	
8				7				
7	1		8				9	
6				5	9	2	7	8

84

7		4		1		6		8
2		5	8		3	1		4
1			9	2	8			3
	2			4			1	
4			7	3	1			6
6		7	4		2	5		1
5		1		6		7		2

INTERMEDIO

1

6	7		9					
			4					9
8	2		6	3				4
	5	2			9		1	
7		1		4		9		3
	9		5			7	2	
2				7	5		9	1
9					4			
					2		4	5

2

			6			5	1	
3	9	6					2	
8		1		7	2	3	6	
		9		8				2
		8	1		6	4		
7				4		9		
	8	3	7	2		6		5
	2					8	9	1
	6	4			9			

3

	7						4	
8		4		9		3		5
	1			8			9	
4			5		7			6
7		3	6	2	9	8		4
2			8		1			3
	3			1			6	
1		2		7		5		9
	4						3	

4

8					3		5	1
		1			9			3
	9		7	5	1	2	8	
		7		4		6		
1			3		6			7
		6		9		5		
	4	8	6	3	5		2	
5			8			3		
2	1		9					5

5

		2	9			1	7	3
	1		4		7			5
				5		2		
		6		3				2
	2		8	9	5		3	
8				6		4		
		1		4				
3			5		2		6	
2	5	4			9	3		

6

				7				
	2		1		5		7	
	7	1		6		9	5	
2	4	3				7	6	8
7			8		6			2
6	1	8				5	3	9
	8	4		2		6	9	
	5		6		3		8	
				5				

7

8		3	6				9	4
4			3			6		
	9	1	7			8		5
				3		9	6	7
			1		4			
5	3	7		2				
7		9			3	4	2	
		4			7			9
2	6				5	7		3

8

5				8		4		1
9	2		4	6				8
							7	
2				5	9		1	3
	9		7	3	8		5	
3	7		1	2				9
	3							
4				7	6		8	5
7		8		9				2

	2			3	6			
3	4			9	7		6	
	6			4		5	3	8
			9		2		1	
		7		1		2		
	8		7		4			
8	7	5		6			2	
	3		4	7			5	1
			3	2			7	

8	7		3	6	1			5
	1		7				4	8
		5	4			3		
7						1	2	4
4								3
1	5	3						9
		1			6	9		
9	4				7		8	
5			8	2	9		1	6

9	6		8		4			7
			9					8
		1	2	6		5		
4						7	6	1
		6				4		
5	1	2						3
		4		7	9	3		
1					2			
2			4		3		7	6

12

	6		3		1	9	7	
7					8			4
3		9		7		8		
1	3		7		6			8
		4				3		
6			4		2		9	1
		3		1		7		2
2			8					3
	7	6	2		3		1	

4		9					7	2
2			6			5		
	5	7	9		2	6		4
		5		6		4	2	
			7		9			
	7	2		3		1		
7		3	5		6	9	4	
		6			4			1
8	1					7		6

4	7		5		8			
2		5		7			9	3
	6	3						
3		1		5	2			
	2	8				4	1	
			8	4		6		2
						7	8	
5	8			6		3		9
			9		4		5	6

				7	8	6	5	
1		9	6			4		
7	5		3				2	
4			1		9	5	3	
9								8
	3	2	5		7			4
	9				6		1	7
		1			4	3		6
	6	7	2	1				

16

4				3	9	8		6
	7	9	4			2		1
2						5		
5			7	8				2
		2	3		5	6		
8				1	2			4
		6						8
9		4			6	1	2	
7		1	9	2				5

17

			4		9		6	
9			2	5				
		2			6	7		
3		8	6		5		2	1
	6			8			7	
5	2		3		1	8		6
		4	1			9		
				9	8			2
	1		7		4			

		3		8	7		4	1
		7	4	5			8	
9					1	3		5
		2		4			6	
8		1				4		9
	7			3		5		
7		5	3					2
	3			2	6	8		
6	2		8	9		7		

19

	9		3	1				
			7	6				4
		7		8	9	6		
		2					7	9
4	1	5		9		2	3	8
7	8					1		
		6	8	4		7		
8				7	2			
				3	6		9	

6			9		5	7		4
		8	1		2			
2			3	6			1	
3	2					6	7	5
		7				4		
5	4	6					8	2
	9			3	1			8
			5		8	9		
8		2	6		9			1

2		5		3				7
	6			2		9	8	
	4	9				5		3
			9		5			
6	3			7			5	9
			3		6			
9		6				7	3	
	1	7		9			4	
8				6		2		1

			9				5	2
3			4		6	1		9
		1		5	8	6		
6		2					3	
4		9				2		5
	1					7		6
		4	6	8		3		
2		7	1		3			8
8	5				4			

23

	8						5	
3		1		5	4	2		9
	5		3				6	
	7		9		3	8		
	9			1			7	
		8	4		7		9	
	3				6		4	
5		7	1	4		6		8
	4						1	

	5					8	9	
8	3	2					4	1
1				2	4		7	
		3	2	1	7			
		1	6		5	2		
			3	4	8	7		
	7		9	3				4
3	1					9	2	7
	2	9					3	

25

	5	4			2			8
					5	4		
2		8						7
	2	1	4	8		3		5
8		3				2		9
5		7		2	3	8	4	
9						7		3
		5	9					
3			5			1	9	

26

6		1	9					5
		2	7	1	6			
			2				1	4
	6			3		4	7	9
	1		6		2		5	
5	4	3		7			6	
3	8				1			
			3	9	7	8		
9					8	1		2

	5	9				8	2	3
			6				7	9
	8		3			1		
		8	2	4				5
4			5	8	6			1
1				9	3	6		
		2			5		1	
5	7				2			
8	3	6				5	4	

	8		4		3			5
6	2						4	3
4	3				9	6		
		4		8	5			
		2		3		7		
			6	4		1		
		1	2				7	8
2	4						9	1
5			1		4		3	

		4	3			9		
	9			7			6	
3			9		6		1	
9					2		8	
8	7	6		4		2	3	5
	1		8					4
	3		5		1			2
	2			8			5	
		5			7	8		

6		7	9					4
				6				
		8		3	5	9		1
		6	5		9			2
	7	9		8		1	4	
4			6		1	5		
8		1	4	9		2		
				5				
9					3	6		8

1	3		6					9
	2	7		1			6	4
		9	5			3	1	
						5		8
	8			7			9	
9		6						
	5	3			8	9		
8	6			5		1	4	
7					4		8	5

		4	1				3	
1			6		8		4	5
	7					9		1
9					3			
	4	2	9	7	6	8	1	
			2					6
3		5					7	
8	2		4		1			9
	1				9	3		

4					5				9
	2		4		7		5	
			9	1	6			
2		6				4		5
9	4			2			7	6
8		5				1		2
			5	3	4			
	9		1		8		2	
5				9				4

9		3	1	8	6			4
		6	5			1	2	9
			2				6	3
		4	6		3			
		2				6		
			7		4	9		
1	3				2			
4	7	9			1	5		
2			4	7	5	3		1

9	7		1		5			
6		3			2		5	
					6	4		7
3	6	7					4	
	1	2		7		8	3	
	9					1	7	6
2		1	5					
	5		3			6		4
			4		9		2	8

	7				3	2		
		5						4
4			2		5		9	
7		9	1	3	4	6		
			9	8	6			
		8	5	2	7	3		9
	5		3		2			8
6						9		
		1	7				6	

9		8	6			1			
									9
6		3		7				4	2
	2		4		7	8			3
			1	3	5				
7		5	9		2		6		
3	1			4		9			6
5									
			2		3	5			8

				1	4	6	9	
	1				8		2	
4				7		5		
5		1				7	4	2
		4		2		1		
7	3	2				9		5
		6		8				1
	2		1				7	
	7	8	2	9				

	8	9					2	
7	1	6		4		5		
			7	9		1		
			6	8	4	2		
	2		9		7		4	
		3	2	5	1			
		4		7	8			
		1		2		8	6	7
	5					4	1	

	4		6		9	8		7
			5	2	8		4	9
	3		4					
4	8						2	1
		6		1		4		
5	1						6	3
					2		7	
1	2		3	5	4			
9		4	7		6		3	

	1	8		7	9	4		
		5		6	2			9
2							8	5
7	8							
9	6			3			7	1
							3	6
3	9							4
8			1	4		2		
		7	9	2		3	6	

					6	5	2	
3	5		4			6	7	
4	7			5				
8			2	7	3		6	
		3	9		5	8		
	6		1	8	4			7
			4				8	1
	8	4			1		5	9
	3	7	5					

	1		8			3		
		5			3			6
8			5		9		7	
	4	7	3		8	6		9
1		8	2		6	4	3	
	2		9		4			8
9			7			1		
		1			2		5	

2		7	3					4
		8		7	1	2		
	9		2	4			3	7
	1					5		3
	7	9				6	2	
5		4					8	
9	4			8	6		7	
		5	4	1		3		
6					2	4		5

45

	5				3	7		
			7		5			3
	9	7		2				6
5	2	3	1			4		7
			3		2			
1		8			9	2	3	5
9				8		6	1	
6			9		1			
		2	5				8	

	8	2			4		9	
	6			5			4	
9			7		8	6	3	
2					6			8
4	9			7			6	3
6			4					7
	2	6	1		3			4
	1			2			7	
	3		8			1	2	

		5		8	2		6	
8		2				3	9	
			7	1	3		5	
	5	8					4	
		3		6		5		
	1					2	8	
	2		5	4	8			
	8	9				4		5
	4		2	7		1		

48

				1		8		9
	2	4				6		
1	8		7	2		5	4	3
					6		9	
		8	1	3	5	7		
	7		4					
8	5	9		6	1		7	4
		1				3	5	
2		3		4				

	5	7			9		3	4
		6				1	9	
4			3		8		2	
9			7	3		2		
	7		5		1		4	
		3		4	2			7
	1		2		5			9
	6	9				3		
7	2		6			4	5	

				1			5	
7	6	5	4			1	9	
	2	8			7	3	4	
		1		5			8	
5			9		2			1
	3			4		9		
	4	2	7			5	1	
	5	9			4	8	6	7
	1			8				

	4	9				2		
			9	4	3	8	6	
		6	2					
	8			7	5			4
2	5	4				7	1	3
7			3	2			8	
					8	3		
	7	2	6	5	9			
		8				5	7	

2	5		6			3		
3				2	1	5		9
				3		7	8	
	3	1		4	5			
				6				
			3	7		4	1	
	6	5		8				
1		3	2	5				8
		2			7		5	3

		6		7				9
9			6	3	8			
	5				9		3	7
2			9			1	4	
5		7				3		6
	6	1			3			8
7	4		1				5	
			7	2	4			1
1				9		7		

7	2						3	
3			1					8
	9			8	3	2		6
		4	3	6			2	7
			9		7			
6	5			2	1	3		
8		9	5	1			6	
5					8			3
	7						8	9

	7		8		5	3	9	
8		9			1			7
4					3		1	
2	1	8						9
				8				
9						1	8	5
	2		9					3
3			4			5		2
	8	4	3		7		6	

56

4		7		3		1		8
		8		2		3		
1	9						7	5
			5	8	2			
3	6		4		7		2	9
			3	9	6			
5	1						3	6
		6		5		7		
8		4		6		9		1

	5				2			
	7	4		5		8		
1	9		4				6	5
	3		8	1		2		6
	1						4	
6		8		2	5		9	
7	6				1		8	2
		3		8		9	5	
			2				3	

	4			6		8		
	8	7	4		1	3		6
		6	8		3			
		4		8			1	5
			7		9			
2	7			3		9		
			3		6	2		
4		3	2		8	6	5	
		8		4			3	

59

8		5		4		3		1
		3	7			4		
4	7				3		5	8
		2	5		1		3	
6								5
	5		4		8	9		
7	6		8				2	3
		4			9	1		
2		8		5		6		4

4			7				8	6
	9	7						
		6			1	9		7
1				2	6			9
2		9		7		8		3
6			8	5				1
7		5	6			4		
						1	3	
9	3				2			8

8	3			5	9			1
	9			3			8	2
		1			7	3		
3		9		2				
7	2		1		3		6	4
				9		2		8
		8	3			1		
1	4			7			2	
6			5	1			9	3

2	4		5		7	8		6
		6	1					9
8					4		3	
1		8					7	4
				2				
7	6					3		1
	5		8					2
3					9	6		
9		1	2		6		8	3

		5		1	9		4	
	6						9	1
1		9	8			5		
2	1	4		8	7			
		3				1		
			2	9		3	8	4
		2			8	9		3
8	3						1	
	9		7	4		2		

64

	6		4	9	7		1	
9		2	1		3	4		8
1			2	4	5			3
5		6				2		4
4			3	7	6			9
6		9	5		4	8		7
	5		8	6	2		4	

9			2		7		6	4
1		4						
			6	4			3	
3			5	7	1	8		6
		1	8		6	2		
5		6	4	9	2			1
	9			8	3			
						7		3
4	1		7		5			9

8			5	6		4		1
	4				9		6	
5		6		2		7		
	5		7		2			4
3		9				8		2
7			9		3		1	
		1		7		3		9
	6		3				4	
9		3		5	1			8

		4		6	8	2		
		2	5					
6			2		4		9	8
9		7				4	6	
4				3				2
	5	3				9		1
7	2		6		3			9
					2	7		
		5	7	8		3		

7	4		9					8
	2		4				1	7
		1	5			2		
			6		9	1	8	5
				1				
1	5	6	8		7			
		3			8	4		
6	7				2		9	
9					4		5	3

	3				1	8		9	
		9	2	5			6		
7		8				9			1
4			8	9	5			
2			7		1			8
			6	2	3			7
	2		1			5		9
		6		7	2	8		
	9		5	8			7	

6			4	3	1			
	1	7	6	5	8	9	3	2
	4		8				6	
5				9				4
	6				5		1	
2	7	3	9	6	4	1	5	
			7	8	3			6

		1	2	5				8
	8		7	9		1	2	
					8	3		
	6	8					7	3
	9	7	8		6	2	4	
2	5						8	1
		2	3					
	7	6		8	2		3	
3				4	5	7		

	9			3		7	5	4
			7				6	8
7	6	4			8	1		
				5	9	4		
5			8		2			6
		8	4	6				
		6	9			2	1	5
9	7				5			
3	1	5		2			9	

		7	2	5	8	3		
2								7
4	2	6		1		7	9	3
8	1			7			6	2
3	7	9		4		1	8	5
6								9
		3	7	9	1	2		

5						1	9		8
	4		9	2			5	
7			6		5			
9		7		6		3	1	
	2		4		7		8	
	6	5		1		7		9
			2		9			1
	7			3	6		9	
6		9	8					3

				2	5			4
	7		9	8	1	2	3	
		3				8		
7		4	5			9	8	
	2			9			4	
	3	8			7	5		2
		7				6		
	9	2	8	6	3		5	
8			2	7				

		8	5			7		
				9	7			
3		7	6			9		8
	3		7		2	5		1
	5			6			7	
8		9	3		5		4	
9		3			8	6		7
			9	3				
		5			4	1		

			5	2	6			
	9						6	8
		4	9		8		7	
	6	7		4	5		2	9
		5				7		
9	3		6	7		4	8	
	5		2		3	1		
2	8						3	
			1	6	4			

3	7		4		2		8	6
8			6					5
		9		8		4		
1			9		4		5	7
		7				6		
2	9		3		5			4
		3		4		5		
9					6			2
5	2		8		3		6	1

2			7			5		
8	7		9		5			4
		4			1	7	2	
	3	2		9				
6		8		4		1		5
				6		2	9	
	2	6	4			8		
9			8		2		5	1
		5			6			2

		9		3			5	6
	5	3		6			2	
	8		2		5			
1			8			5	9	
			6	5	1			
	7	5			2			3
			5		6		3	
	2			1		8	7	
3	9			2		1		

	4						9	2
		9			2		7	
	8		7	6		4		3
4	5					1	3	6
			5		3			
3	9	1					2	8
8		5		4	7		6	
	3		2			7		
9	7						5	

9		6		5		2		
		7			3			5
4		1		9	2			7
5			1	7			3	9
				4				
7	1			3	8			4
3			6	1		4		2
2			9			7		
		8		2		9		6

9	2				5			3
	4			9	3		8	2
		6			1	5		
6	1	2		7				
	9		1		2		6	
				8		4	2	1
		4	3			8		
5	6		2	4			7	
3			6				5	4

	9	8				5	4	
			2	3	4			
	3		8	5	9		1	
			5	9	6			
6	5		1		8		3	7
			7	2	3			
	1		3	7	2		6	
			4	8	5			
	4	5				3	2	

DIFÍCIL

		8	2				7	1
					1		4	9
	4		5			8		6
			4			6		7
	2			5			1	
4		6			9			
1		9			2		3	
8	5		7					
2	3				5	4		

2

5	1			6			8	4
2	8							
4				5		6		
			7			4		8
		1	2	4	3	5		
7		4			9			
		5		3				2
							1	3
1	4			2			6	5

9				7			1	6
2			6			9		
	5	3	1	9		4		
						5	6	
5		2				7		1
	4	9						
		8		3	9	6	4	
		5			8			9
4	9			1				5

4

	8						7	5	
2	7	9	6				3	8
1					9		4	
		7		8			6	
			7	2	6			
	3			9		8		
	9		4					6
7	1				2	9	8	5
	6	2					1	

9			1			4		3
		1		8				
2			3		9		6	
		8	2		6	7		9
	1			4			3	
4		9	7		5	1		
	5		8		3			4
				9		2		
8		2			4			5

6

4	9					3		5
	1						8	6
6			4	3	8			
		9		6		7		
		7	3	4	9	5		
		6		1		2		
			5	8	1			2
8	6						5	
5		2					1	4

7

	4		3				5	
3					8	9		7
	8	6			9	3		
	1	8						4
				7				
5						6	8	
		9	6			2	7	
4		2	1					3
	3				2		6	

8

4							5	8
6			9	4	7			
		9	5			7		
	2		1		8	6	7	
	8						1	
	1	7	4		2		3	
		2			9	3		
			7	3	6			2
8	6							7

9

6	9		1	2	8		5	4
		8		3		7		
			7		6			
		2				1		
1			3	5	2			7
		5				6		
			2		1			
		3		8		9		
5	7		4	9	3		1	2

	6				7	9		
	4				1	2	7	5
2	9		3	8				
9	5					8		
		6		5		7		
		4					5	6
				9	8		3	7
7	8	5	1				9	
		9	6				1	

11

9			8			4		7
3	4			2			9	
6				9	4	2		
				7		3		8
	3			5			7	
7		6		1				
		7	6	3				9
	9			4			8	3
2		3			5			4

12

5	3				8			7
	9	2		7			8	5
					9		6	
1		7		6				
	5		4	8	2		7	
				9		5		4
	8		9					
6	1			3		2	5	
7			6				4	8

13

		5		8			3	
4		6				9		
	1		2	3			7	6
			8		3	6		
7		9		2		8		3
		4	6		7			
6	9			1	2		5	
		3				7		9
	4			7		3		

14

	4			1		9	8	
1			4			6		3
7	6			9				
				4			9	
3		7	9	2	5	4		8
	9			6				
				7			1	2
9		5			2			6
	7	1		5			3	

15

3					9			
1		5	8		3	7		
		4		2				6
	3	9				8	5	
			3	5	4			
	4	2				6	3	
2				7		5		
		8	6		5	4		2
			9					3

	9	2	1	3			8	6
			2		5			7
	3			6		9		
		3	5				7	
				2				
	6				4	1		
		4		7			5	
9			8		3			
7	5			4	2	8	1	

6		2			4			3
	7		1		3		4	
				9				8
7	4			3			2	
		6	4	8	1	3		
	1			2			8	9
2				5				
	8		3		2		9	
1			6			2		5

18

3			2			1		4
			3		6	7		
6	8							
	6		8		4		1	9
				9				
8	4		1		3		5	
							3	5
		8	4		2			
9		1			8			2

19

	9		3	6	8		4	
4				1				3
		8		4		5		
3		9				4		6
	6			8			5	
5		2				3		1
		6		3		1		
2				5				8
	5		8	7	2		3	

	7	9	5				3	
		3		9	7			
6	1				3		5	
	5					9	7	1
1		7				8		4
9	4	6					2	
	8		4				9	3
			3	5		1		
	9				8	6	4	

			2		5	6		
		6		1	3	9		
3	5			9			1	
4	6							2
	1	3		4		7	9	
9							3	4
	4			3			6	1
		9	1	6		5		
		1	5		8			

	2		5	9	4	1	3	
3					7			
		9	6					
	4	1	3			6		2
	3	2		7		5	1	
7		8			1	9	4	
					2	8		
			8					9
	8	6	9	3	5		2	

23

		2	9	3			4	
3	9	8			6		2	
							6	3
	6		4		2			1
4								2
7			6		5		9	
2	7							
	3		8			2	1	9
	8			2	4	3		

24

	9		7	4		1	5	
1			9	5		3		4
5	4		3					
						4	6	7
2	6						3	1
7	3	8						
					6		7	5
6		1		2	7			3
	2	7		9	5		1	

25

	8				2	9	1	7	
2			8		6			4
7				4				
9	7						3	
4		3				8		1
	5						9	2
			8					9
3			5		4			8
	9	2	6	3			4	

1								9
	2	9	4			3	6	
	3	8		9	6	1	5	
		1	8		3		4	
		7				5		
	4		9		5	6		
	1	6	7	8		9	3	
	9	5			1	2	7	
2								1

2							8	1
		3		7	5	2		
		9	2					
9	2	4		5		8	1	
	7			8			3	
	1	8		9		5	7	2
					9	1		
		7	3	6		4		
4	6							8

28

4	1		7		3			9
			6	9	4			1
		3				2		
3	7						8	4
	2			1			9	
1	5						2	6
		1				9		
9			5	4	2			
5			1		9		3	2

6			8		4			1
9	3	8				7	2	4
				9				
	6		3		2		7	
		2	1	4	5	8		
	1		9		7		5	
				5				
4	5	6				2	1	8
3			6		8			5

30

7	8				1	3	5	2
	4				2			7
2				3		8	9	4
	2							1
			7	1	8			
8							7	
9	3	8		7				6
1			5				4	
4	7	5	2				1	3

31

		4	7			8		2
		9			8			5
6		8			1			4
2	4	1					5	
			4	3	5			
	9					4	7	8
8			5			3		9
9			8			2		
4		7			9	5		

	8					5	7	
			6	5	1	8		9
				7	4			1
6		3						5
	7		5	3	6		1	
9						3		8
5			7	1				
3		1	9	4	8			
	4	7					9	

3				4				2
		6			3			
		8	6	7		3	9	
	4		3		7	6		
7		1				9		3
		3	9		1		7	
	5	9		6	4	8		
			8			4		
8				3				6

		4	1		5		9	
7	1	9	4	2				
	6			9	8		4	
								3
	3	1	6		2	9	7	
2								
	5		3	7			2	
				5	1	7	8	9
	7		8		9	6		

35

4					2	6		9
	8	7					2	
2				3	8		4	
7		5	1		9			
		2		6		9		
			8		5	3		4
	7		9	8				6
	9					4	5	
3		8	6					7

36

		2		6	3			
9	1				4	6	5	
3						4	2	9
					1		9	
2	6		3	4	9		7	8
	9		2					
7	2	9						1
	8	4	1				3	6
			4	5		9		

4			1			8		6
			5		4			
2		8			7	4		
	9	4	3		1		8	2
				4				
8	3		2		6	9	1	
		9	4			5		3
			7		5			
5		1			8			9

38

				8			9	1
					4	3		
	4				2		7	8
7		1		5		8	4	
		2	9	3	8	6		
	6	8		7		9		5
9	2		1				8	
		4	7					
5	1			4				

		7		8		9	5	
					1		4	6
1	6		4			3		2
			3		9		2	
	2		1	4	6		3	
	9		2		8			
9		6			4		7	5
4	5		7					
	7	1		2		4		

				4				
	2		1	5	7		9	
6	9						5	1
8	1	9		2		6	3	7
				7				
2	7	6		3		5	4	8
3	5						7	4
	6		5	9	4		1	
				1				

			5	2				3
		2			8	7		
3						6	8	2
9				6	1	4		
	2		8	4	3		5	
		4	9	7				6
1	7	8						4
		6	1			8		
2				8	9			

42

7	8					3		9
			4	8				5
1		9	7	3		6		
				5		1	7	
	5	1	2		7	4	8	
	3	7		4				
		4		2	8	9		1
9				6	4			
2		3					5	4

2			5	8				
	5	4		6	3		1	
			4		2	7		6
	2	8				9		7
			6	2	4			
3		6				2	4	
5		7	1		8			
	3		7	9		4	8	
				4	6			3

6		5				8		
	8		7					3
	7			5			2	1
1	3	9			4	5	6	
		6				7		
	5	7	2			1	9	4
7	1			2			4	
5					9		1	
		3				2		6

		3			1		6	9
	1					3		
2	6	9		7				8
	2	4				9		5
7			9	5	4			6
9		5				1	3	
4				1		6	8	3
		8					4	
3	5		8			2		

4	6		5			1	2		
9							6	7	
		8			2			4	5
			4	6					8
1		4		3			9		7
8				1	7				
6	7		8				5		
	4	1							6
		9	1		6			2	4

47

	3					6	2	
1		9		2	6			7
8					5		9	
	1	3	6		4			
	8			1			3	
			9		3	1	7	
	9		2					4
4			8	3		9		2
	6	1					8	

	7		1		6	4	2	
4	3				2			
		2		4		1		
		8	4	1	5		9	
			6	2	9			
	2		7	3	8	5		
		7		8		2		
			2				3	7
	4	9	3		7		1	

49

	2				4	7		
	8					6	9	3
5	6		8	3				
7			2		9	8		
		8		5		2		
		2	7		3			5
				7	8		2	6
8	7	6					1	
		5	3				8	

	8	5	9				1	
6	3		4			5	2	9
	1							8
				6			4	5
			1	9	3			
3	2			5				
5							8	
2	6	8			9		5	1
	4				8	2	3	

		9	8					
		8	5	4	2			
		7				5	6	8
	6			9			2	5
	4		6	2	5		3	
5	8			7			4	
8	3	6				7		
			9	8	6	2		
					3	6		

	9					6	1	
1		4		5				7
5				7	1		4	
		8	1	4	5			
	1	2	6		3	5	8	
			8	2	7	9		
	5		7	3				2
2				6		1		8
	4	3					5	

53

9								
		2	7		8			1
		8	4	5			2	
				2	7	3	8	
7	2	5		6		4	1	9
	8	3	9	4				
	1			8	9	7		
3			6		5	8		
								3

	5		8	9		2		1
8					6	3		
1				5			4	
		2		4				6
	1	4	2	7	5	8	9	
7				8		1		
	4			6				2
		8	9					5
5		6		2	1		8	

		7			3	1	9	
	1			4	2			7
2			9			6		
		6		2		7		
		4	5	7	9	8		
		1		8		4		
		2			8			4
7			2	6			8	
	9	8	7			2		

		9	6			1	5		
	8	3	5					1	
1								8	4
3			8		6			2	1
				7					
6	9		1		4				5
9	1								7
	4				5	3	6	
		2	4		7	1		

	6		4	3			2	8
			9	1	8		3	
		4		2				
	9					3		2
3		6		9		5		7
2		1					8	
				8		1		
	1		2	5	4			
9	8			6	7		4	

		7	4					5
		9		5			6	
3	1		7	9		2		
6	3		9	4				7
	7			1			3	
9				6	7		2	8
		6		7	9		4	3
	8			2		6		
5					8	1		

59

	1	5	2			3	6	9
		9					2	4
6	7		9					
				5			9	2
3		7	6		8	4		1
5	9			2				
					9		4	7
9	4					2		
7	5	6			2	9	3	

6O

	3	9	7		2			
	5	4	9		8	6	2	
			4		6	5		9
	6							
7		3				4		6
							5	
3		2	8		7			
	7	5	3		9	2	8	
			5		1	7	4	

	4				1		5	
5					7	2		1
	7		5	4				
4	1		8		2	9		
		3		7		8		
		7	4		9		1	3
				9	3		8	
8		9	7					2
	5		2				6	

1					4			7
	6	5	3					
	2		8			9	3	
		8	5		1		7	
	5	7	9	4	3	2	1	
	4		7		8	6		
	7	9			2		4	
					9	5	8	
4			1					6

63

	4	7		2			6	
2	8			3		5	9	4
	5							7
			4	7	9			
4	3		1		2		5	9
			3	6	5			
3							7	
7	9	2		5			1	8
	1			4		9	3	

64

			4		2	6		
		3		9	6	8		
5	4				7		2	
8	7	2						9
	3						6	
9						2	4	3
	9		6				8	2
		8	2	4		3		
		1	7		3			

RESPUESTAS

Fácil - 1

2	5	8	1	3	9	7	4	6
7	3	1	5	4	6	2	8	9
6	4	9	7	8	2	1	5	3
5	6	4	9	7	1	8	3	2
1	8	2	6	5	3	4	9	7
9	7	3	8	2	4	6	1	5
4	2	5	3	6	8	9	7	1
8	9	7	2	1	5	3	6	4
3	1	6	4	9	7	5	2	8

Fácil - 2

9	7	4	2	8	1	3	5	6
6	3	8	5	9	4	2	7	1
5	1	2	7	3	6	9	8	4
4	5	9	8	2	3	1	6	7
3	8	1	9	6	7	4	2	5
7	2	6	1	4	5	8	9	3
8	4	3	6	7	9	5	1	2
1	9	7	4	5	2	6	3	8
2	6	5	3	1	8	7	4	9

Fácil - 3

5	2	9	7	4	1	8	3	6
7	8	6	5	3	9	4	1	2
3	1	4	2	8	6	5	7	9
2	9	5	4	7	3	1	6	8
1	6	3	8	9	2	7	5	4
8	4	7	1	6	5	9	2	3
4	5	8	3	2	7	6	9	1
9	7	2	6	1	4	3	8	5
6	3	1	9	5	8	2	4	7

Fácil - 4

9	4	5	1	3	8	6	7	2
8	6	1	5	2	7	3	4	9
2	7	3	9	6	4	8	1	5
3	5	6	7	9	2	4	8	1
1	2	7	8	4	6	5	9	3
4	9	8	3	5	1	2	6	7
7	8	2	4	1	5	9	3	6
6	3	4	2	7	9	1	5	8
5	1	9	6	8	3	7	2	4

Fácil - 5

5	1	4	7	6	8	9	2	3
9	6	2	5	1	3	4	8	7
3	7	8	4	9	2	6	5	1
2	3	9	6	8	4	1	7	5
7	8	6	1	3	5	2	4	9
1	4	5	9	2	7	3	6	8
6	5	7	3	4	1	8	9	2
8	9	3	2	5	6	7	1	4
4	2	1	8	7	9	5	3	6

Fácil - 6

3	5	2	6	9	7	8	1	4
7	8	1	5	2	4	6	3	9
4	6	9	1	8	3	7	5	2
9	3	8	2	5	1	4	7	6
2	1	6	7	4	9	3	8	5
5	4	7	8	3	6	9	2	1
8	9	5	4	7	2	1	6	3
1	7	3	9	6	5	2	4	8
6	2	4	3	1	8	5	9	7

Fácil - 7

5	2	4	3	7	9	6	1	8
6	7	8	5	1	2	9	3	4
3	9	1	8	6	4	5	7	2
7	6	9	2	4	8	3	5	1
2	1	3	9	5	6	8	4	7
4	8	5	7	3	1	2	9	6
8	3	7	4	2	5	1	6	9
1	5	2	6	9	7	4	8	3
9	4	6	1	8	3	7	2	5

Fácil - 8

6	8	1	9	5	4	7	3	2
7	9	4	6	3	2	1	8	5
3	2	5	8	7	1	9	6	4
8	4	6	3	9	5	2	7	1
2	5	7	4	1	8	6	9	3
9	1	3	2	6	7	5	4	8
4	7	8	1	2	6	3	5	9
5	3	2	7	4	9	8	1	6
1	6	9	5	8	3	4	2	7

Fácil - 9

9	1	3	6	8	5	7	2	4
4	6	2	7	1	9	3	5	8
5	7	8	3	4	2	9	6	1
8	5	1	2	7	3	6	4	9
3	4	7	1	9	6	2	8	5
6	2	9	4	5	8	1	7	3
7	8	6	5	3	1	4	9	2
2	3	5	9	6	4	8	1	7
1	9	4	8	2	7	5	3	6

Fácil - 10

5	6	4	8	7	9	3	2	1
8	1	7	6	2	3	9	5	4
3	9	2	4	1	5	6	7	8
2	3	1	5	4	6	8	9	7
4	7	9	1	3	8	2	6	5
6	8	5	2	9	7	4	1	3
1	2	6	7	8	4	5	3	9
7	4	3	9	5	2	1	8	6
9	5	8	3	6	1	7	4	2

Fácil - 11

5	3	2	4	7	1	6	9	8
8	9	4	2	3	6	1	7	5
6	7	1	9	5	8	2	3	4
9	1	3	7	2	4	8	5	6
4	8	6	5	1	9	7	2	3
7	2	5	6	8	3	4	1	9
1	6	8	3	9	2	5	4	7
3	4	7	1	6	5	9	8	2
2	5	9	8	4	7	3	6	1

Fácil - 12

8	6	7	2	3	9	1	5	4
1	3	9	8	4	5	6	7	2
5	2	4	6	1	7	8	3	9
4	8	5	7	6	1	9	2	3
2	9	1	3	5	8	4	6	7
6	7	3	9	2	4	5	8	1
7	1	6	5	9	2	3	4	8
3	4	8	1	7	6	2	9	5
9	5	2	4	8	3	7	1	6

Fácil - 13

1	9	6	4	2	3	7	8	5
4	2	3	8	5	7	9	1	6
7	8	5	9	6	1	4	3	2
9	7	8	6	1	2	3	5	4
3	6	4	7	8	5	2	9	1
5	1	2	3	4	9	8	6	7
6	5	7	2	9	8	1	4	3
2	4	9	1	3	6	5	7	8
8	3	1	5	7	4	6	2	9

Fácil - 14

4	3	5	2	9	6	8	7	1
1	7	6	5	8	4	2	3	9
2	9	8	3	1	7	6	5	4
6	4	3	8	7	2	9	1	5
7	5	9	6	3	1	4	8	2
8	1	2	9	4	5	3	6	7
3	2	7	4	5	8	1	9	6
9	6	1	7	2	3	5	4	8
5	8	4	1	6	9	7	2	3

Fácil - 15

8	6	4	1	5	3	9	7	2
7	1	2	6	9	8	4	5	3
3	9	5	4	7	2	1	6	8
1	8	3	5	2	9	7	4	6
6	2	7	3	1	4	5	8	9
5	4	9	8	6	7	2	3	1
2	5	1	7	8	6	3	9	4
4	7	8	9	3	1	6	2	5
9	3	6	2	4	5	8	1	7

Fácil - 16

1	5	7	9	4	2	8	6	3
6	4	3	7	5	8	2	1	9
8	2	9	6	3	1	4	5	7
5	7	1	3	2	6	9	8	4
4	9	8	5	1	7	3	2	6
2	3	6	4	8	9	1	7	5
9	1	5	2	7	4	6	3	8
7	6	2	8	9	3	5	4	1
3	8	4	1	6	5	7	9	2

Fácil - 17

6	4	8	2	1	9	5	7	3
3	7	2	8	6	5	4	1	9
1	5	9	3	4	7	8	2	6
7	1	5	9	8	6	2	3	4
8	3	4	5	2	1	6	9	7
2	9	6	7	3	4	1	5	8
5	8	1	6	9	3	7	4	2
9	6	7	4	5	2	3	8	1
4	2	3	1	7	8	9	6	5

Fácil - 18

8	6	5	1	7	9	3	4	2
2	3	1	5	4	6	9	7	8
9	7	4	3	8	2	5	6	1
7	8	6	9	3	1	2	5	4
5	4	9	6	2	8	7	1	3
3	1	2	7	5	4	6	8	9
4	5	7	2	1	3	8	9	6
1	9	3	8	6	7	4	2	5
6	2	8	4	9	5	1	3	7

Fácil - 19

5	9	7	3	2	4	8	1	6
1	8	6	9	7	5	2	3	4
4	3	2	6	1	8	5	9	7
9	1	8	4	3	2	7	6	5
6	4	5	1	9	7	3	8	2
2	7	3	8	5	6	9	4	1
3	2	1	5	6	9	4	7	8
8	5	9	7	4	1	6	2	3
7	6	4	2	8	3	1	5	9

Fácil - 20

3	6	4	2	9	5	7	1	8
7	9	2	6	8	1	4	3	5
8	5	1	7	4	3	6	9	2
1	3	7	8	6	9	5	2	4
5	2	8	1	3	4	9	6	7
6	4	9	5	7	2	3	8	1
2	7	6	9	5	8	1	4	3
9	1	3	4	2	7	8	5	6
4	8	5	3	1	6	2	7	9

Fácil - 21

3	4	9	7	2	6	1	5	8
2	8	6	9	5	1	4	3	7
1	5	7	8	3	4	2	9	6
6	2	1	5	7	8	9	4	3
5	9	3	4	6	2	8	7	1
4	7	8	3	1	9	5	6	2
9	1	4	6	8	3	7	2	5
8	6	5	2	4	7	3	1	9
7	3	2	1	9	5	6	8	4

Fácil - 22

2	9	1	8	4	7	5	6	3
8	3	6	5	1	2	9	7	4
7	5	4	9	6	3	2	1	8
4	8	9	7	5	1	3	2	6
3	6	7	4	2	9	1	8	5
5	1	2	3	8	6	4	9	7
6	4	5	1	9	8	7	3	2
9	2	3	6	7	5	8	4	1
1	7	8	2	3	4	6	5	9

Fácil - 23

1	3	9	7	6	5	2	8	4
6	7	8	1	2	4	3	9	5
2	4	5	8	9	3	6	1	7
4	1	6	9	5	2	7	3	8
9	8	2	4	3	7	1	5	6
7	5	3	6	8	1	9	4	2
5	2	7	3	4	9	8	6	1
3	6	1	5	7	8	4	2	9
8	9	4	2	1	6	5	7	3

Fácil - 24

5	7	4	6	3	9	8	1	2
1	3	2	4	8	5	7	6	9
6	9	8	7	2	1	5	4	3
2	6	7	5	4	3	9	8	1
4	1	5	2	9	8	3	7	6
9	8	3	1	7	6	2	5	4
8	5	9	3	1	4	6	2	7
7	4	6	9	5	2	1	3	8
3	2	1	8	6	7	4	9	5

Fácil - 25

5	4	7	2	1	6	3	9	8
9	2	8	3	7	4	1	6	5
1	6	3	9	8	5	7	2	4
6	9	2	5	3	7	4	8	1
7	5	4	1	9	8	6	3	2
8	3	1	6	4	2	5	7	9
4	8	6	7	5	9	2	1	3
2	1	5	8	6	3	9	4	7
3	7	9	4	2	1	8	5	6

Fácil - 26

9	1	8	2	3	5	7	6	4
6	2	5	8	7	4	1	3	9
4	7	3	9	1	6	8	5	2
8	9	1	7	4	3	5	2	6
2	5	7	1	6	9	3	4	8
3	4	6	5	8	2	9	7	1
7	3	2	4	9	8	6	1	5
5	6	9	3	2	1	4	8	7
1	8	4	6	5	7	2	9	3

Fácil - 27

7	1	3	5	8	6	9	2	4
4	8	2	7	9	3	5	6	1
6	9	5	1	2	4	3	8	7
9	4	8	2	3	5	7	1	6
3	6	7	4	1	9	8	5	2
5	2	1	6	7	8	4	9	3
1	5	6	8	4	7	2	3	9
8	3	4	9	6	2	1	7	5
2	7	9	3	5	1	6	4	8

Fácil - 28

7	4	6	1	2	3	5	9	8
5	3	1	4	8	9	2	6	7
9	8	2	5	6	7	3	1	4
3	7	5	9	4	2	1	8	6
6	9	8	3	5	1	4	7	2
1	2	4	6	7	8	9	5	3
8	5	3	2	9	6	7	4	1
2	6	9	7	1	4	8	3	5
4	1	7	8	3	5	6	2	9

Fácil - 29

2	6	7	5	1	9	4	8	3
4	3	8	6	7	2	5	9	1
5	1	9	4	8	3	6	7	2
9	2	4	1	6	8	3	5	7
3	7	1	9	2	5	8	6	4
6	8	5	3	4	7	1	2	9
1	9	3	2	5	6	7	4	8
7	4	6	8	9	1	2	3	5
8	5	2	7	3	4	9	1	6

Fácil - 30

2	7	4	6	3	1	5	8	9
5	6	9	8	4	7	3	2	1
3	8	1	5	9	2	6	7	4
1	3	7	9	5	4	8	6	2
9	5	6	1	2	8	4	3	7
4	2	8	3	7	6	1	9	5
7	4	5	2	6	3	9	1	8
6	1	2	4	8	9	7	5	3
8	9	3	7	1	5	2	4	6

Fácil - 31

2	1	3	6	7	8	5	4	9
5	8	9	1	3	4	6	2	7
6	4	7	9	2	5	8	1	3
8	6	2	4	9	3	1	7	5
7	9	5	8	1	2	3	6	4
1	3	4	5	6	7	2	9	8
3	7	1	2	8	9	4	5	6
9	5	6	3	4	1	7	8	2
4	2	8	7	5	6	9	3	1

Fácil - 32

3	9	7	6	2	8	1	5	4
4	1	6	9	7	5	8	2	3
8	2	5	1	3	4	6	9	7
5	4	1	7	6	2	9	3	8
9	3	2	8	5	1	4	7	6
7	6	8	4	9	3	2	1	5
2	8	3	5	1	6	7	4	9
1	7	4	3	8	9	5	6	2
6	5	9	2	4	7	3	8	1

Fácil - 33

7	2	6	4	5	3	9	8	1
8	4	1	6	9	7	2	3	5
3	5	9	8	1	2	6	7	4
1	8	4	2	6	9	3	5	7
5	3	2	7	8	1	4	6	9
9	6	7	3	4	5	1	2	8
2	9	3	1	7	8	5	4	6
4	1	8	5	3	6	7	9	2
6	7	5	9	2	4	8	1	3

Fácil - 34

5	9	2	3	4	7	8	6	1
4	6	7	1	5	8	9	3	2
3	8	1	6	9	2	4	7	5
9	4	3	7	8	5	1	2	6
8	2	5	9	1	6	7	4	3
1	7	6	2	3	4	5	8	9
6	5	8	4	2	9	3	1	7
7	1	9	8	6	3	2	5	4
2	3	4	5	7	1	6	9	8

Fácil - 35

2	9	3	5	6	1	8	7	4
8	4	7	2	3	9	6	5	1
6	5	1	8	4	7	2	3	9
9	3	6	4	7	2	1	8	5
7	8	2	6	1	5	9	4	3
5	1	4	3	9	8	7	2	6
4	2	9	1	8	3	5	6	7
3	7	8	9	5	6	4	1	2
1	6	5	7	2	4	3	9	8

Fácil - 36

3	1	9	7	8	4	2	5	6
8	6	7	3	2	5	1	9	4
5	4	2	6	1	9	7	3	8
9	5	1	4	6	8	3	7	2
7	8	6	5	3	2	4	1	9
2	3	4	1	9	7	6	8	5
4	2	3	8	5	1	9	6	7
6	9	5	2	7	3	8	4	1
1	7	8	9	4	6	5	2	3

Fácil - 37

8	4	3	9	5	6	7	1	2
7	2	5	3	4	1	9	6	8
1	9	6	7	2	8	4	5	3
9	1	8	6	7	5	2	3	4
6	3	7	4	9	2	1	8	5
4	5	2	8	1	3	6	7	9
5	6	9	2	8	7	3	4	1
3	8	4	1	6	9	5	2	7
2	7	1	5	3	4	8	9	6

Fácil - 38

5	4	3	1	7	6	9	8	2
9	8	6	4	2	5	1	7	3
1	7	2	9	3	8	6	5	4
6	9	5	3	4	2	8	1	7
7	2	8	5	9	1	3	4	6
4	3	1	8	6	7	5	2	9
2	1	9	7	5	3	4	6	8
8	6	4	2	1	9	7	3	5
3	5	7	6	8	4	2	9	1

Fácil - 39

3	6	5	8	4	2	9	1	7
8	1	9	6	7	5	4	3	2
2	4	7	9	1	3	8	5	6
4	8	3	1	9	6	2	7	5
5	7	1	2	3	4	6	9	8
6	9	2	7	5	8	1	4	3
9	3	8	4	6	7	5	2	1
1	5	6	3	2	9	7	8	4
7	2	4	5	8	1	3	6	9

Fácil - 40

9	6	8	3	1	7	5	2	4
7	2	3	5	4	6	9	1	8
5	1	4	8	2	9	3	7	6
3	7	1	6	8	4	2	5	9
6	8	9	7	5	2	1	4	3
4	5	2	1	9	3	6	8	7
8	3	6	2	7	5	4	9	1
1	9	5	4	3	8	7	6	2
2	4	7	9	6	1	8	3	5

Fácil - 41

2	3	5	4	9	7	1	8	6
4	1	6	3	8	5	2	9	7
9	7	8	2	6	1	4	3	5
8	2	7	5	1	6	3	4	9
3	5	9	8	2	4	6	7	1
1	6	4	9	7	3	8	5	2
5	9	1	6	3	8	7	2	4
7	8	2	1	4	9	5	6	3
6	4	3	7	5	2	9	1	8

Fácil - 42

4	8	2	5	6	9	7	3	1
3	7	9	2	4	1	8	6	5
1	5	6	8	7	3	4	2	9
6	1	4	7	9	8	3	5	2
7	3	5	4	1	2	9	8	6
9	2	8	3	5	6	1	7	4
5	4	1	6	3	7	2	9	8
2	6	7	9	8	4	5	1	3
8	9	3	1	2	5	6	4	7

Fácil - 43

1	6	4	7	9	3	2	8	5
8	7	2	1	4	5	9	6	3
5	3	9	2	6	8	4	7	1
2	1	3	4	5	7	6	9	8
7	8	5	6	2	9	3	1	4
9	4	6	8	3	1	5	2	7
6	9	7	3	8	4	1	5	2
3	5	8	9	1	2	7	4	6
4	2	1	5	7	6	8	3	9

Fácil - 44

3	2	5	6	4	9	1	8	7
4	7	1	3	5	8	2	6	9
6	9	8	1	7	2	3	5	4
8	3	6	2	1	7	4	9	5
9	5	4	8	6	3	7	1	2
2	1	7	4	9	5	6	3	8
7	4	3	9	8	6	5	2	1
5	6	9	7	2	1	8	4	3
1	8	2	5	3	4	9	7	6

Fácil - 45

9	1	7	5	2	6	8	4	3
5	8	4	9	1	3	2	7	6
6	2	3	7	4	8	5	9	1
4	6	1	3	7	5	9	8	2
7	5	2	1	8	9	3	6	4
8	3	9	2	6	4	1	5	7
1	9	8	4	3	7	6	2	5
2	4	6	8	5	1	7	3	9
3	7	5	6	9	2	4	1	8

Fácil - 46

7	5	3	9	2	6	1	8	4
1	8	2	4	7	5	6	9	3
4	9	6	1	3	8	5	2	7
9	4	7	6	1	3	8	5	2
5	6	1	7	8	2	3	4	9
2	3	8	5	9	4	7	6	1
6	1	9	8	4	7	2	3	5
3	7	5	2	6	9	4	1	8
8	2	4	3	5	1	9	7	6

Fácil - 47

3	9	4	5	2	1	7	6	8
7	5	2	9	6	8	3	1	4
1	8	6	7	3	4	2	5	9
9	3	1	2	7	6	4	8	5
4	7	5	1	8	9	6	3	2
2	6	8	4	5	3	9	7	1
5	4	9	6	1	7	8	2	3
8	2	7	3	9	5	1	4	6
6	1	3	8	4	2	5	9	7

Fácil - 48

1	6	5	8	9	3	4	7	2
2	9	3	7	1	4	6	8	5
7	4	8	6	5	2	3	1	9
9	5	2	4	7	8	1	3	6
6	8	1	9	3	5	2	4	7
4	3	7	1	2	6	5	9	8
5	2	9	3	4	7	8	6	1
3	1	6	2	8	9	7	5	4
8	7	4	5	6	1	9	2	3

Fácil - 49

9	8	2	3	7	6	1	5	4
1	5	7	8	9	4	2	6	3
3	6	4	1	2	5	9	7	8
4	1	6	5	3	2	7	8	9
5	7	9	4	8	1	3	2	6
8	2	3	7	6	9	4	1	5
6	9	5	2	1	3	8	4	7
2	4	8	9	5	7	6	3	1
7	3	1	6	4	8	5	9	2

Fácil - 50

5	4	7	9	2	6	1	8	3
3	9	8	5	7	1	2	4	6
1	2	6	4	3	8	5	9	7
4	3	2	7	9	5	6	1	8
7	6	1	2	8	4	9	3	5
9	8	5	1	6	3	4	7	2
2	1	4	3	5	7	8	6	9
6	5	3	8	4	9	7	2	1
8	7	9	6	1	2	3	5	4

Fácil - 51

2	9	7	4	8	6	1	3	5
8	1	3	9	5	2	4	7	6
6	4	5	1	3	7	8	2	9
7	8	1	3	9	5	6	4	2
5	6	9	7	2	4	3	1	8
3	2	4	6	1	8	9	5	7
4	7	8	2	6	1	5	9	3
1	3	6	5	7	9	2	8	4
9	5	2	8	4	3	7	6	1

Fácil - 52

8	4	9	7	5	3	1	2	6
2	7	5	8	1	6	4	9	3
1	3	6	4	9	2	5	8	7
5	2	4	3	7	1	9	6	8
3	6	8	9	4	5	2	7	1
9	1	7	2	6	8	3	4	5
4	9	1	6	3	7	8	5	2
6	5	2	1	8	9	7	3	4
7	8	3	5	2	4	6	1	9

Fácil - 53

1	4	9	3	7	5	6	2	8
8	2	3	1	9	6	7	4	5
6	7	5	8	4	2	3	9	1
5	6	4	7	1	8	2	3	9
9	8	2	5	3	4	1	6	7
3	1	7	6	2	9	5	8	4
4	3	8	2	5	1	9	7	6
7	9	1	4	6	3	8	5	2
2	5	6	9	8	7	4	1	3

Fácil - 54

7	3	5	2	8	4	9	6	1
4	6	1	3	7	9	2	5	8
9	2	8	1	5	6	4	3	7
3	4	7	6	2	5	8	1	9
1	8	9	4	3	7	6	2	5
2	5	6	9	1	8	3	7	4
6	9	3	7	4	1	5	8	2
5	1	4	8	6	2	7	9	3
8	7	2	5	9	3	1	4	6

Fácil - 55

8	2	5	3	7	6	4	1	9
3	4	9	5	1	8	6	7	2
6	1	7	2	9	4	8	3	5
9	8	1	7	6	5	3	2	4
7	3	2	8	4	1	5	9	6
4	5	6	9	2	3	1	8	7
5	7	4	1	3	2	9	6	8
2	6	3	4	8	9	7	5	1
1	9	8	6	5	7	2	4	3

Fácil - 56

8	9	2	5	4	1	6	7	3
4	7	5	2	3	6	1	8	9
3	1	6	9	7	8	2	4	5
7	8	4	3	2	9	5	6	1
6	2	3	8	1	5	7	9	4
9	5	1	7	6	4	8	3	2
5	6	8	4	9	2	3	1	7
2	3	9	1	8	7	4	5	6
1	4	7	6	5	3	9	2	8

Fácil - 57

8	6	7	1	9	3	2	4	5
9	5	4	7	8	2	3	1	6
3	2	1	6	5	4	7	9	8
6	8	9	2	1	7	4	5	3
4	7	3	5	6	9	8	2	1
2	1	5	4	3	8	9	6	7
7	9	6	8	4	5	1	3	2
5	3	8	9	2	1	6	7	4
1	4	2	3	7	6	5	8	9

Fácil - 58

3	2	8	1	7	9	6	5	4
4	9	1	6	3	5	2	8	7
7	5	6	8	4	2	9	1	3
9	1	3	2	6	7	5	4	8
5	8	7	9	1	4	3	2	6
2	6	4	5	8	3	7	9	1
8	7	5	4	9	6	1	3	2
6	4	9	3	2	1	8	7	5
1	3	2	7	5	8	4	6	9

Fácil - 59

7	6	9	4	3	2	1	8	5
5	3	8	9	7	1	4	2	6
1	4	2	5	8	6	9	3	7
6	7	5	2	1	4	8	9	3
3	2	1	6	9	8	5	7	4
9	8	4	3	5	7	6	1	2
8	1	6	7	4	3	2	5	9
4	9	7	1	2	5	3	6	8
2	5	3	8	6	9	7	4	1

Fácil - 60

1	2	5	8	3	4	6	9	7
7	3	8	9	2	6	4	5	1
9	4	6	5	1	7	8	2	3
8	1	2	4	9	3	5	7	6
6	9	4	1	7	5	2	3	8
3	5	7	2	6	8	9	1	4
2	8	9	7	4	1	3	6	5
4	7	3	6	5	2	1	8	9
5	6	1	3	8	9	7	4	2

Fácil - 61

1	2	3	5	9	4	6	7	8
8	6	5	7	3	2	9	4	1
7	4	9	1	8	6	5	2	3
3	1	2	4	5	7	8	6	9
9	7	4	8	6	3	1	5	2
5	8	6	9	2	1	7	3	4
4	5	1	3	7	9	2	8	6
6	3	8	2	1	5	4	9	7
2	9	7	6	4	8	3	1	5

Fácil - 62

3	5	1	4	8	9	2	7	6
9	4	6	2	1	7	3	5	8
7	2	8	6	5	3	9	4	1
5	3	2	1	4	6	7	8	9
8	1	7	5	9	2	4	6	3
4	6	9	7	3	8	5	1	2
6	9	3	8	7	5	1	2	4
1	8	5	3	2	4	6	9	7
2	7	4	9	6	1	8	3	5

Fácil - 63

6	4	8	9	1	5	2	3	7
7	2	3	8	4	6	9	5	1
9	5	1	2	7	3	8	6	4
2	6	4	5	8	1	7	9	3
5	3	9	4	6	7	1	2	8
1	8	7	3	9	2	6	4	5
4	7	6	1	5	9	3	8	2
3	9	5	7	2	8	4	1	6
8	1	2	6	3	4	5	7	9

Fácil - 64

4	7	1	5	3	6	2	9	8
3	5	9	7	2	8	1	6	4
2	6	8	9	1	4	7	5	3
7	4	2	8	9	5	6	3	1
5	9	3	2	6	1	8	4	7
1	8	6	3	4	7	5	2	9
8	3	4	6	7	2	9	1	5
6	1	5	4	8	9	3	7	2
9	2	7	1	5	3	4	8	6

Fácil - 65

5	4	3	1	7	9	6	8	2
1	6	2	3	4	8	9	7	5
7	9	8	5	6	2	1	4	3
9	7	6	8	5	4	3	2	1
2	8	1	7	9	3	4	5	6
3	5	4	6	2	1	7	9	8
4	3	9	2	1	5	8	6	7
8	2	7	4	3	6	5	1	9
6	1	5	9	8	7	2	3	4

Fácil - 66

8	5	3	4	7	2	9	6	1
6	7	9	5	3	1	8	4	2
4	2	1	9	6	8	3	7	5
3	4	8	6	1	9	5	2	7
5	9	6	7	2	3	4	1	8
2	1	7	8	4	5	6	9	3
9	6	5	1	8	7	2	3	4
7	8	2	3	9	4	1	5	6
1	3	4	2	5	6	7	8	9

Fácil - 67

6	3	4	9	7	5	1	8	2
1	7	9	2	3	8	5	4	6
8	2	5	4	1	6	7	9	3
3	9	1	7	2	4	6	5	8
5	6	2	3	8	9	4	1	7
7	4	8	6	5	1	3	2	9
4	1	6	8	9	3	2	7	5
9	5	7	1	6	2	8	3	4
2	8	3	5	4	7	9	6	1

Fácil - 68

6	7	2	4	5	9	8	3	1
3	9	4	7	1	8	2	6	5
5	8	1	6	3	2	7	4	9
2	6	5	1	4	7	3	9	8
7	1	8	9	6	3	5	2	4
9	4	3	8	2	5	1	7	6
8	5	9	3	7	6	4	1	2
1	2	7	5	9	4	6	8	3
4	3	6	2	8	1	9	5	7

Fácil - 69

3	8	4	7	6	2	1	9	5
7	6	9	3	1	5	4	8	2
2	1	5	9	4	8	6	3	7
5	3	7	2	8	6	9	4	1
6	9	1	4	5	3	2	7	8
8	4	2	1	9	7	3	5	6
4	7	6	5	2	9	8	1	3
9	2	3	8	7	1	5	6	4
1	5	8	6	3	4	7	2	9

Fácil - 70

1	8	3	4	9	6	7	5	2
9	4	2	7	5	1	3	8	6
6	5	7	3	2	8	4	1	9
2	1	5	6	4	7	9	3	8
7	6	4	9	8	3	1	2	5
3	9	8	2	1	5	6	7	4
5	2	6	1	3	9	8	4	7
4	3	9	8	7	2	5	6	1
8	7	1	5	6	4	2	9	3

Fácil - 71

6	2	3	4	7	5	9	1	8
1	9	4	6	8	3	5	7	2
7	5	8	2	9	1	3	4	6
4	7	9	8	5	6	2	3	1
2	8	1	9	3	4	6	5	7
5	3	6	1	2	7	4	8	9
8	6	7	3	4	2	1	9	5
9	4	2	5	1	8	7	6	3
3	1	5	7	6	9	8	2	4

Fácil - 72

3	8	4	7	6	9	2	5	1
6	1	7	2	8	5	4	3	9
9	5	2	3	4	1	8	6	7
4	6	3	9	7	2	1	8	5
5	2	9	1	3	8	6	7	4
8	7	1	6	5	4	9	2	3
2	3	6	4	9	7	5	1	8
7	9	8	5	1	6	3	4	2
1	4	5	8	2	3	7	9	6

Fácil - 73

6	3	2	5	1	7	4	9	8
1	9	4	3	6	8	5	7	2
5	7	8	9	4	2	3	6	1
9	4	5	2	7	3	8	1	6
3	2	1	6	8	5	9	4	7
7	8	6	1	9	4	2	3	5
8	6	3	4	5	1	7	2	9
4	1	7	8	2	9	6	5	3
2	5	9	7	3	6	1	8	4

Fácil - 74

2	3	4	7	6	9	8	1	5
8	5	6	2	3	1	7	4	9
7	1	9	8	4	5	2	3	6
6	7	3	1	2	8	5	9	4
4	8	5	3	9	7	6	2	1
9	2	1	6	5	4	3	7	8
1	6	7	9	8	3	4	5	2
3	4	8	5	1	2	9	6	7
5	9	2	4	7	6	1	8	3

Fácil - 75

3	7	2	1	4	5	9	8	6
9	5	8	7	6	2	3	4	1
1	6	4	3	9	8	2	7	5
6	3	9	2	7	4	5	1	8
7	8	1	5	3	6	4	2	9
4	2	5	9	8	1	7	6	3
8	9	6	4	5	7	1	3	2
5	1	7	6	2	3	8	9	4
2	4	3	8	1	9	6	5	7

Fácil - 76

7	8	5	9	4	3	2	1	6
1	2	4	8	6	5	3	9	7
6	9	3	2	7	1	8	5	4
9	6	2	3	8	4	1	7	5
5	1	8	7	9	6	4	3	2
4	3	7	5	1	2	6	8	9
3	4	9	1	2	7	5	6	8
8	5	6	4	3	9	7	2	1
2	7	1	6	5	8	9	4	3

Fácil - 77

7	5	3	8	2	6	4	9	1
1	9	8	4	7	3	5	2	6
2	4	6	1	9	5	7	8	3
5	1	2	3	4	7	8	6	9
9	6	7	2	1	8	3	5	4
8	3	4	5	6	9	1	7	2
4	7	9	6	8	1	2	3	5
3	8	1	9	5	2	6	4	7
6	2	5	7	3	4	9	1	8

Fácil - 78

8	2	3	4	9	5	1	6	7
7	9	6	3	8	1	2	5	4
1	4	5	6	2	7	8	9	3
9	7	1	2	4	3	6	8	5
3	5	2	7	6	8	9	4	1
6	8	4	5	1	9	7	3	2
5	3	9	1	7	6	4	2	8
4	1	8	9	5	2	3	7	6
2	6	7	8	3	4	5	1	9

Fácil - 79

2	5	4	6	9	3	1	7	8
7	3	1	4	2	8	6	5	9
8	9	6	5	1	7	4	2	3
6	2	9	7	4	1	3	8	5
5	4	8	2	3	9	7	6	1
3	1	7	8	5	6	9	4	2
9	8	5	1	6	4	2	3	7
4	7	3	9	8	2	5	1	6
1	6	2	3	7	5	8	9	4

Fácil - 80

2	8	7	4	5	3	6	9	1
4	9	6	1	2	8	5	3	7
1	5	3	9	7	6	8	2	4
9	2	1	6	3	4	7	8	5
3	4	8	5	9	7	2	1	6
6	7	5	2	8	1	3	4	9
7	3	4	8	1	5	9	6	2
8	6	9	7	4	2	1	5	3
5	1	2	3	6	9	4	7	8

Fácil - 81

7	4	5	9	6	3	1	8	2
2	1	9	4	5	8	7	3	6
6	8	3	1	7	2	9	5	4
1	2	7	8	9	5	4	6	3
9	5	6	2	3	4	8	1	7
8	3	4	6	1	7	5	2	9
3	6	1	5	4	9	2	7	8
5	9	2	7	8	6	3	4	1
4	7	8	3	2	1	6	9	5

Fácil - 82

4	5	9	2	6	3	1	8	7
2	1	7	4	8	9	3	5	6
6	8	3	7	1	5	2	4	9
5	7	8	6	4	1	9	2	3
3	4	6	8	9	2	5	7	1
1	9	2	3	5	7	8	6	4
8	3	1	5	7	6	4	9	2
9	6	5	1	2	4	7	3	8
7	2	4	9	3	8	6	1	5

Fácil - 83

4	8	9	5	2	7	3	6	1
1	6	7	9	3	4	5	8	2
5	2	3	6	1	8	7	4	9
9	5	8	7	6	3	1	2	4
3	4	6	2	9	1	8	5	7
2	7	1	4	8	5	9	3	6
8	9	2	3	7	6	4	1	5
7	1	5	8	4	2	6	9	3
6	3	4	1	5	9	2	7	8

Fácil - 84

7	3	4	5	1	9	6	2	8
9	1	8	2	6	4	3	7	5
2	6	5	8	7	3	1	9	4
1	7	6	9	2	8	4	5	3
8	2	3	6	4	5	9	1	7
4	5	9	7	3	1	2	8	6
6	9	7	4	8	2	5	3	1
3	4	2	1	5	7	8	6	9
5	8	1	3	6	9	7	4	2

Intermedio - 1

6	7	4	9	5	8	1	3	2
5	1	3	4	2	7	8	6	9
8	2	9	6	3	1	5	7	4
3	5	2	7	8	9	4	1	6
7	8	1	2	4	6	9	5	3
4	9	6	5	1	3	7	2	8
2	4	8	3	7	5	6	9	1
9	3	5	1	6	4	2	8	7
1	6	7	8	9	2	3	4	5

Intermedio - 2

4	7	2	6	3	8	5	1	9
3	9	6	4	1	5	7	2	8
8	5	1	9	7	2	3	6	4
6	4	9	5	8	7	1	3	2
2	3	8	1	9	6	4	5	7
7	1	5	2	4	3	9	8	6
9	8	3	7	2	1	6	4	5
5	2	7	3	6	4	8	9	1
1	6	4	8	5	9	2	7	3

Intermedio - 3

6	7	9	3	5	2	1	4	8
8	2	4	1	9	6	3	7	5
3	1	5	7	8	4	6	9	2
4	8	1	5	3	7	9	2	6
7	5	3	6	2	9	8	1	4
2	9	6	8	4	1	7	5	3
9	3	8	2	1	5	4	6	7
1	6	2	4	7	3	5	8	9
5	4	7	9	6	8	2	3	1

Intermedio - 4

8	7	2	4	6	3	9	5	1
6	5	1	2	8	9	7	4	3
3	9	4	7	5	1	2	8	6
9	3	7	5	4	8	6	1	2
1	8	5	3	2	6	4	9	7
4	2	6	1	9	7	5	3	8
7	4	8	6	3	5	1	2	9
5	6	9	8	1	2	3	7	4
2	1	3	9	7	4	8	6	5

Intermedio - 5

5	4	2	9	8	6	1	7	3
6	1	3	4	2	7	9	8	5
9	7	8	1	5	3	2	4	6
1	9	6	7	3	4	8	5	2
4	2	7	8	9	5	6	3	1
8	3	5	2	6	1	4	9	7
7	6	1	3	4	8	5	2	9
3	8	9	5	1	2	7	6	4
2	5	4	6	7	9	3	1	8

Intermedio - 6

5	3	6	9	7	4	8	2	1
4	2	9	1	8	5	3	7	6
8	7	1	3	6	2	9	5	4
2	4	3	5	1	9	7	6	8
7	9	5	8	3	6	1	4	2
6	1	8	2	4	7	5	3	9
3	8	4	7	2	1	6	9	5
1	5	2	6	9	3	4	8	7
9	6	7	4	5	8	2	1	3

Intermedio - 7

8	7	3	6	5	1	2	9	4
4	2	5	3	8	9	6	7	1
6	9	1	7	4	2	8	3	5
1	4	2	5	3	8	9	6	7
9	8	6	1	7	4	3	5	2
5	3	7	9	2	6	1	4	8
7	5	9	8	1	3	4	2	6
3	1	4	2	6	7	5	8	9
2	6	8	4	9	5	7	1	3

Intermedio - 8

5	6	7	9	8	3	4	2	1
9	2	1	4	6	7	5	3	8
8	4	3	5	1	2	9	7	6
2	8	4	6	5	9	7	1	3
1	9	6	7	3	8	2	5	4
3	7	5	1	2	4	8	6	9
6	3	2	8	4	5	1	9	7
4	1	9	2	7	6	3	8	5
7	5	8	3	9	1	6	4	2

Intermedio - 9

5	2	1	8	3	6	7	4	9
3	4	8	5	9	7	1	6	2
7	6	9	2	4	1	5	3	8
6	5	3	9	8	2	4	1	7
4	9	7	6	1	3	2	8	5
1	8	2	7	5	4	6	9	3
8	7	5	1	6	9	3	2	4
2	3	6	4	7	8	9	5	1
9	1	4	3	2	5	8	7	6

Intermedio - 10

8	7	4	3	6	1	2	9	5
3	1	2	7	9	5	6	4	8
6	9	5	4	8	2	3	7	1
7	6	8	9	5	3	1	2	4
4	2	9	6	1	8	7	5	3
1	5	3	2	7	4	8	6	9
2	8	1	5	4	6	9	3	7
9	4	6	1	3	7	5	8	2
5	3	7	8	2	9	4	1	6

Intermedio - 11

9	6	5	8	3	4	2	1	7
3	2	7	9	1	5	6	4	8
8	4	1	2	6	7	5	3	9
4	3	9	5	2	8	7	6	1
7	8	6	3	9	1	4	2	5
5	1	2	7	4	6	8	9	3
6	5	4	1	7	9	3	8	2
1	7	3	6	8	2	9	5	4
2	9	8	4	5	3	1	7	6

Intermedio - 12

4	6	8	3	2	1	9	7	5
7	5	2	9	6	8	1	3	4
3	1	9	5	7	4	8	2	6
1	3	5	7	9	6	2	4	8
9	2	4	1	8	5	3	6	7
6	8	7	4	3	2	5	9	1
5	4	3	6	1	9	7	8	2
2	9	1	8	4	7	6	5	3
8	7	6	2	5	3	4	1	9

Intermedio - 13

4	6	9	3	5	1	8	7	2
2	8	1	6	4	7	5	9	3
3	5	7	9	8	2	6	1	4
9	3	5	1	6	8	4	2	7
1	4	8	7	2	9	3	6	5
6	7	2	4	3	5	1	8	9
7	2	3	5	1	6	9	4	8
5	9	6	8	7	4	2	3	1
8	1	4	2	9	3	7	5	6

Intermedio - 14

4	7	9	5	3	8	2	6	1
2	1	5	4	7	6	8	9	3
8	6	3	2	1	9	5	4	7
3	4	1	6	5	2	9	7	8
6	2	8	7	9	3	4	1	5
9	5	7	8	4	1	6	3	2
1	9	6	3	2	5	7	8	4
5	8	4	1	6	7	3	2	9
7	3	2	9	8	4	1	5	6

Intermedio - 15

2	4	3	9	7	8	6	5	1
1	8	9	6	2	5	4	7	3
7	5	6	3	4	1	8	2	9
4	7	8	1	6	9	5	3	2
9	1	5	4	3	2	7	6	8
6	3	2	5	8	7	1	9	4
3	9	4	8	5	6	2	1	7
5	2	1	7	9	4	3	8	6
8	6	7	2	1	3	9	4	5

Intermedio - 16

4	1	5	2	3	9	8	7	6
6	7	9	4	5	8	2	3	1
2	3	8	1	6	7	5	4	9
5	6	3	7	8	4	9	1	2
1	4	2	3	9	5	6	8	7
8	9	7	6	1	2	3	5	4
3	2	6	5	4	1	7	9	8
9	5	4	8	7	6	1	2	3
7	8	1	9	2	3	4	6	5

Intermedio - 17

7	3	5	4	1	9	2	6	8
9	8	6	2	5	7	3	1	4
1	4	2	8	3	6	7	5	9
3	9	8	6	7	5	4	2	1
4	6	1	9	8	2	5	7	3
5	2	7	3	4	1	8	9	6
2	5	4	1	6	3	9	8	7
6	7	3	5	9	8	1	4	2
8	1	9	7	2	4	6	3	5

Intermedio - 18

5	6	3	9	8	7	2	4	1
2	1	7	4	5	3	9	8	6
9	4	8	2	6	1	3	7	5
3	9	2	5	4	8	1	6	7
8	5	1	6	7	2	4	3	9
4	7	6	1	3	9	5	2	8
7	8	5	3	1	4	6	9	2
1	3	9	7	2	6	8	5	4
6	2	4	8	9	5	7	1	3

Intermedio - 19

6	9	8	3	1	4	5	2	7
1	2	3	7	6	5	9	8	4
5	4	7	2	8	9	6	1	3
3	6	2	1	5	8	4	7	9
4	1	5	6	9	7	2	3	8
7	8	9	4	2	3	1	6	5
9	3	6	8	4	1	7	5	2
8	5	1	9	7	2	3	4	6
2	7	4	5	3	6	8	9	1

Intermedio - 20

6	1	3	9	8	5	7	2	4
9	7	8	1	4	2	3	5	6
2	5	4	3	6	7	8	1	9
3	2	9	8	1	4	6	7	5
1	8	7	2	5	6	4	9	3
5	4	6	7	9	3	1	8	2
7	9	5	4	3	1	2	6	8
4	6	1	5	2	8	9	3	7
8	3	2	6	7	9	5	4	1

Intermedio - 21

2	8	5	4	3	9	1	6	7
1	6	3	5	2	7	9	8	4
7	4	9	6	1	8	5	2	3
4	7	2	9	8	5	3	1	6
6	3	8	2	7	1	4	5	9
5	9	1	3	4	6	8	7	2
9	2	6	1	5	4	7	3	8
3	1	7	8	9	2	6	4	5
8	5	4	7	6	3	2	9	1

Intermedio - 22

7	8	6	9	3	1	4	5	2
3	2	5	4	7	6	1	8	9
9	4	1	2	5	8	6	7	3
6	7	2	5	1	9	8	3	4
4	3	9	8	6	7	2	1	5
5	1	8	3	4	2	7	9	6
1	9	4	6	8	5	3	2	7
2	6	7	1	9	3	5	4	8
8	5	3	7	2	4	9	6	1

Intermedio - 23

7	8	4	6	9	2	1	5	3
3	6	1	7	5	4	2	8	9
9	5	2	3	8	1	7	6	4
4	7	5	9	6	3	8	2	1
2	9	3	5	1	8	4	7	6
6	1	8	4	2	7	3	9	5
1	3	9	8	7	6	5	4	2
5	2	7	1	4	9	6	3	8
8	4	6	2	3	5	9	1	7

Intermedio - 24

4	5	7	1	6	3	8	9	2
8	3	2	7	5	9	6	4	1
1	9	6	8	2	4	3	7	5
9	8	3	2	1	7	4	5	6
7	4	1	6	9	5	2	8	3
2	6	5	3	4	8	7	1	9
5	7	8	9	3	2	1	6	4
3	1	4	5	8	6	9	2	7
6	2	9	4	7	1	5	3	8

Intermedio - 25

1	5	4	7	6	2	9	3	8
7	3	9	8	1	5	4	2	6
2	6	8	3	9	4	5	1	7
6	2	1	4	8	9	3	7	5
8	4	3	1	5	7	2	6	9
5	9	7	6	2	3	8	4	1
9	1	6	2	4	8	7	5	3
4	7	5	9	3	1	6	8	2
3	8	2	5	7	6	1	9	4

Intermedio - 26

6	3	1	9	8	4	7	2	5
4	5	2	7	1	6	9	8	3
8	9	7	2	5	3	6	1	4
2	6	8	1	3	5	4	7	9
7	1	9	6	4	2	3	5	8
5	4	3	8	7	9	2	6	1
3	8	6	4	2	1	5	9	7
1	2	5	3	9	7	8	4	6
9	7	4	5	6	8	1	3	2

Intermedio - 27

6	5	9	1	7	4	8	2	3
2	1	3	6	5	8	4	7	9
7	8	4	3	2	9	1	5	6
3	6	8	2	4	1	7	9	5
4	9	7	5	8	6	2	3	1
1	2	5	7	9	3	6	8	4
9	4	2	8	6	5	3	1	7
5	7	1	4	3	2	9	6	8
8	3	6	9	1	7	5	4	2

Intermedio - 28

1	8	7	4	6	3	9	2	5
6	2	9	5	1	7	8	4	3
4	3	5	8	2	9	6	1	7
9	1	4	7	8	5	3	6	2
8	6	2	9	3	1	7	5	4
7	5	3	6	4	2	1	8	9
3	9	1	2	5	6	4	7	8
2	4	6	3	7	8	5	9	1
5	7	8	1	9	4	2	3	6

Intermedio - 29

6	8	4	3	1	5	9	2	7
2	9	1	4	7	8	5	6	3
3	5	7	9	2	6	4	1	8
9	4	3	7	5	2	1	8	6
8	7	6	1	4	9	2	3	5
5	1	2	8	6	3	7	9	4
4	3	8	5	9	1	6	7	2
7	2	9	6	8	4	3	5	1
1	6	5	2	3	7	8	4	9

Intermedio - 30

6	1	7	9	2	8	3	5	4
3	9	5	1	6	4	8	2	7
2	4	8	7	3	5	9	6	1
1	3	6	5	4	9	7	8	2
5	7	9	3	8	2	1	4	6
4	8	2	6	7	1	5	9	3
8	6	1	4	9	7	2	3	5
7	2	3	8	5	6	4	1	9
9	5	4	2	1	3	6	7	8

Intermedio - 31

1	3	8	6	4	2	7	5	9
5	2	7	9	1	3	8	6	4
6	4	9	5	8	7	3	1	2
2	1	4	3	9	6	5	7	8
3	8	5	4	7	1	2	9	6
9	7	6	8	2	5	4	3	1
4	5	3	1	6	8	9	2	7
8	6	2	7	5	9	1	4	3
7	9	1	2	3	4	6	8	5

Intermedio - 32

6	5	4	1	9	7	2	3	8
1	3	9	6	2	8	7	4	5
2	7	8	3	4	5	9	6	1
9	6	1	5	8	3	4	2	7
5	4	2	9	7	6	8	1	3
7	8	3	2	1	4	5	9	6
3	9	5	8	6	2	1	7	4
8	2	7	4	3	1	6	5	9
4	1	6	7	5	9	3	8	2

Intermedio - 33

4	1	8	2	5	3	7	6	9
6	2	9	4	8	7	3	5	1
3	5	7	9	1	6	2	4	8
2	3	6	8	7	1	4	9	5
9	4	1	3	2	5	8	7	6
8	7	5	6	4	9	1	3	2
1	6	2	5	3	4	9	8	7
7	9	4	1	6	8	5	2	3
5	8	3	7	9	2	6	1	4

Intermedio - 34

9	2	3	1	8	6	7	5	4
8	4	6	5	3	7	1	2	9
5	1	7	2	4	9	8	6	3
7	9	4	6	5	3	2	1	8
3	5	2	9	1	8	6	4	7
6	8	1	7	2	4	9	3	5
1	3	5	8	9	2	4	7	6
4	7	9	3	6	1	5	8	2
2	6	8	4	7	5	3	9	1

Intermedio - 35

9	7	4	1	8	5	3	6	2
6	8	3	7	4	2	9	5	1
1	2	5	9	3	6	4	8	7
3	6	7	8	9	1	2	4	5
5	1	2	6	7	4	8	3	9
4	9	8	2	5	3	1	7	6
2	4	1	5	6	8	7	9	3
8	5	9	3	2	7	6	1	4
7	3	6	4	1	9	5	2	8

Intermedio - 36

8	7	6	4	9	3	2	5	1
2	9	5	6	1	8	7	3	4
4	1	3	2	7	5	8	9	6
7	2	9	1	3	4	6	8	5
5	3	4	9	8	6	1	2	7
1	6	8	5	2	7	3	4	9
9	5	7	3	6	2	4	1	8
6	4	2	8	5	1	9	7	3
3	8	1	7	4	9	5	6	2

Intermedio - 37

9	4	8	6	2	1	7	3	5
2	7	1	3	5	4	6	8	9
6	5	3	8	7	9	1	4	2
1	2	9	4	6	7	8	5	3
8	6	4	1	3	5	2	9	7
7	3	5	9	8	2	4	6	1
3	1	7	5	4	8	9	2	6
5	8	2	7	9	6	3	1	4
4	9	6	2	1	3	5	7	8

Intermedio - 38

2	5	7	3	1	4	6	9	8
6	1	3	9	5	8	4	2	7
4	8	9	6	7	2	5	1	3
5	6	1	8	3	9	7	4	2
8	9	4	5	2	7	1	3	6
7	3	2	4	6	1	9	8	5
9	4	6	7	8	3	2	5	1
3	2	5	1	4	6	8	7	9
1	7	8	2	9	5	3	6	4

Intermedio - 39

4	8	9	5	1	3	7	2	6
7	1	6	8	4	2	5	9	3
5	3	2	7	9	6	1	8	4
9	7	5	6	8	4	2	3	1
1	2	8	9	3	7	6	4	5
6	4	3	2	5	1	9	7	8
2	6	4	1	7	8	3	5	9
3	9	1	4	2	5	8	6	7
8	5	7	3	6	9	4	1	2

Intermedio - 40

2	4	5	6	3	9	8	1	7
6	7	1	5	2	8	3	4	9
8	3	9	4	7	1	2	5	6
4	8	3	9	6	5	7	2	1
7	9	6	2	1	3	4	8	5
5	1	2	8	4	7	9	6	3
3	6	8	1	9	2	5	7	4
1	2	7	3	5	4	6	9	8
9	5	4	7	8	6	1	3	2

Intermedio - 41

6	1	8	5	7	9	4	2	3
4	3	5	8	6	2	7	1	9
2	7	9	3	1	4	6	8	5
7	8	3	6	5	1	9	4	2
9	6	4	2	3	8	5	7	1
5	2	1	4	9	7	8	3	6
3	9	2	7	8	6	1	5	4
8	5	6	1	4	3	2	9	7
1	4	7	9	2	5	3	6	8

Intermedio - 42

9	1	8	7	3	6	5	2	4
3	5	2	4	1	9	6	7	8
4	7	6	8	5	2	1	9	3
8	9	1	2	7	3	4	6	5
7	4	3	9	6	5	8	1	2
2	6	5	1	8	4	9	3	7
5	2	9	6	4	7	3	8	1
6	8	4	3	2	1	7	5	9
1	3	7	5	9	8	2	4	6

Intermedio - 43

6	1	2	8	4	7	3	9	5
7	9	5	1	2	3	8	4	6
8	3	4	5	6	9	2	7	1
2	4	7	3	5	8	6	1	9
3	6	9	4	7	1	5	8	2
1	5	8	2	9	6	4	3	7
5	2	3	9	1	4	7	6	8
9	8	6	7	3	5	1	2	4
4	7	1	6	8	2	9	5	3

Intermedio - 44

2	5	7	3	6	8	9	1	4
4	3	8	9	7	1	2	5	6
1	9	6	2	4	5	8	3	7
8	1	2	6	9	7	5	4	3
3	7	9	8	5	4	6	2	1
5	6	4	1	2	3	7	8	9
9	4	3	5	8	6	1	7	2
7	2	5	4	1	9	3	6	8
6	8	1	7	3	2	4	9	5

Intermedio - 45

2	5	1	6	9	3	7	4	8
8	4	6	7	1	5	9	2	3
3	9	7	8	2	4	1	5	6
5	2	3	1	6	8	4	9	7
4	7	9	3	5	2	8	6	1
1	6	8	4	7	9	2	3	5
9	3	5	2	8	7	6	1	4
6	8	4	9	3	1	5	7	2
7	1	2	5	4	6	3	8	9

Intermedio - 46

1	8	2	3	6	4	7	9	5
3	6	7	2	5	9	8	4	1
9	4	5	7	1	8	6	3	2
2	7	1	9	3	6	4	5	8
4	9	8	5	7	1	2	6	3
6	5	3	4	8	2	9	1	7
7	2	6	1	9	3	5	8	4
8	1	4	6	2	5	3	7	9
5	3	9	8	4	7	1	2	6

Intermedio - 47

1	3	5	9	8	2	7	6	4
8	7	2	4	5	6	3	9	1
9	6	4	7	1	3	8	5	2
6	5	8	1	2	7	9	4	3
2	9	3	8	6	4	5	1	7
4	1	7	3	9	5	2	8	6
3	2	1	5	4	8	6	7	9
7	8	9	6	3	1	4	2	5
5	4	6	2	7	9	1	3	8

Intermedio - 48

5	3	7	6	1	4	8	2	9
9	2	4	8	5	3	6	1	7
1	8	6	7	2	9	5	4	3
3	1	5	2	7	6	4	9	8
4	9	8	1	3	5	7	6	2
6	7	2	4	9	8	1	3	5
8	5	9	3	6	1	2	7	4
7	4	1	9	8	2	3	5	6
2	6	3	5	4	7	9	8	1

Intermedio - 49

2	5	7	1	6	9	8	3	4
8	3	6	4	2	7	1	9	5
4	9	1	3	5	8	7	2	6
9	4	5	7	3	6	2	1	8
6	7	2	5	8	1	9	4	3
1	8	3	9	4	2	5	6	7
3	1	4	2	7	5	6	8	9
5	6	9	8	1	4	3	7	2
7	2	8	6	9	3	4	5	1

Intermedio - 50

4	9	3	2	1	6	7	5	8
7	6	5	4	3	8	1	9	2
1	2	8	5	9	7	3	4	6
9	7	1	6	5	3	2	8	4
5	8	4	9	7	2	6	3	1
2	3	6	8	4	1	9	7	5
8	4	2	7	6	9	5	1	3
3	5	9	1	2	4	8	6	7
6	1	7	3	8	5	4	2	9

Intermedio - 51

8	4	9	5	6	1	2	3	7
5	2	7	9	4	3	8	6	1
1	3	6	2	8	7	4	5	9
6	8	3	1	7	5	9	2	4
2	5	4	8	9	6	7	1	3
7	9	1	3	2	4	6	8	5
4	6	5	7	1	8	3	9	2
3	7	2	6	5	9	1	4	8
9	1	8	4	3	2	5	7	6

Intermedio - 52

2	5	7	6	9	8	3	4	1
3	8	4	7	2	1	5	6	9
9	1	6	5	3	4	7	8	2
6	3	1	8	4	5	2	9	7
4	7	9	1	6	2	8	3	5
5	2	8	3	7	9	4	1	6
7	6	5	9	8	3	1	2	4
1	4	3	2	5	6	9	7	8
8	9	2	4	1	7	6	5	3

Intermedio - 53

3	1	6	5	7	2	4	8	9
9	7	4	6	3	8	5	1	2
8	5	2	4	1	9	6	3	7
2	8	3	9	6	7	1	4	5
5	9	7	8	4	1	3	2	6
4	6	1	2	5	3	9	7	8
7	4	9	1	8	6	2	5	3
6	3	5	7	2	4	8	9	1
1	2	8	3	9	5	7	6	4

Intermedio - 54

7	2	8	6	5	9	4	3	1
3	4	6	1	7	2	9	5	8
1	9	5	4	8	3	2	7	6
9	1	4	3	6	5	8	2	7
2	8	3	9	4	7	6	1	5
6	5	7	8	2	1	3	9	4
8	3	9	5	1	4	7	6	2
5	6	2	7	9	8	1	4	3
4	7	1	2	3	6	5	8	9

Intermedio - 55

1	7	2	8	4	5	3	9	6
8	3	9	2	6	1	4	5	7
4	6	5	7	9	3	2	1	8
2	1	8	5	7	4	6	3	9
6	5	3	1	8	9	7	2	4
9	4	7	6	3	2	1	8	5
7	2	1	9	5	6	8	4	3
3	9	6	4	1	8	5	7	2
5	8	4	3	2	7	9	6	1

Intermedio - 56

4	2	7	9	3	5	1	6	8
6	5	8	7	2	1	3	9	4
1	9	3	6	4	8	2	7	5
7	4	9	5	8	2	6	1	3
3	6	5	4	1	7	8	2	9
2	8	1	3	9	6	5	4	7
5	1	2	8	7	9	4	3	6
9	3	6	1	5	4	7	8	2
8	7	4	2	6	3	9	5	1

Intermedio - 57

8	5	6	3	9	2	7	1	4
3	7	4	1	5	6	8	2	9
1	9	2	4	7	8	3	6	5
9	3	5	8	1	4	2	7	6
2	1	7	9	6	3	5	4	8
6	4	8	7	2	5	1	9	3
7	6	9	5	3	1	4	8	2
4	2	3	6	8	7	9	5	1
5	8	1	2	4	9	6	3	7

Intermedio - 58

3	4	2	9	6	5	8	7	1
5	8	7	4	2	1	3	9	6
1	9	6	8	7	3	5	4	2
9	3	4	6	8	2	7	1	5
8	6	1	7	5	9	4	2	3
2	7	5	1	3	4	9	6	8
7	5	9	3	1	6	2	8	4
4	1	3	2	9	8	6	5	7
6	2	8	5	4	7	1	3	9

Intermedio - 59

8	9	5	2	4	6	3	7	1
1	2	3	7	8	5	4	6	9
4	7	6	1	9	3	2	5	8
9	4	2	5	7	1	8	3	6
6	8	1	9	3	2	7	4	5
3	5	7	4	6	8	9	1	2
7	6	9	8	1	4	5	2	3
5	3	4	6	2	9	1	8	7
2	1	8	3	5	7	6	9	4

Intermedio - 60

4	2	1	7	9	5	3	8	6
3	9	7	2	6	8	5	1	4
5	8	6	4	3	1	9	2	7
1	4	8	3	2	6	7	5	9
2	5	9	1	7	4	8	6	3
6	7	3	5	8	9	2	4	1
7	1	5	6	8	3	4	9	2
8	6	2	9	4	7	1	3	5
9	3	4	5	1	2	6	7	8

Intermedio - 61

8	3	4	2	5	9	6	7	1
5	9	7	6	3	1	4	8	2
2	6	1	8	4	7	3	5	9
3	8	9	4	2	6	7	1	5
7	2	5	1	8	3	9	6	4
4	1	6	7	9	5	2	3	8
9	5	8	3	6	2	1	4	7
1	4	3	9	7	8	5	2	6
6	7	2	5	1	4	8	9	3

Intermedio - 62

2	4	9	5	3	7	8	1	6
5	3	6	1	8	2	7	4	9
8	1	7	6	9	4	2	3	5
1	2	8	3	6	5	9	7	4
4	9	3	7	2	1	5	6	8
7	6	5	9	4	8	3	2	1
6	5	4	8	7	3	1	9	2
3	8	2	4	1	9	6	5	7
9	7	1	2	5	6	4	8	3

Intermedio - 63

3	7	5	6	1	9	8	4	2
4	6	8	5	3	2	7	9	1
1	2	9	8	7	4	5	3	6
2	1	4	3	8	7	6	5	9
9	8	3	4	6	5	1	2	7
7	5	6	2	9	1	3	8	4
6	4	2	1	5	8	9	7	3
8	3	7	9	2	6	4	1	5
5	9	1	7	4	3	2	6	8

Intermedio - 64

3	4	1	6	2	8	7	9	5
8	6	5	4	9	7	3	1	2
9	7	2	1	5	3	4	6	8
1	9	7	2	4	5	6	8	3
5	3	6	9	8	1	2	7	4
4	2	8	3	7	6	1	5	9
6	1	9	5	3	4	8	2	7
7	5	3	8	6	2	9	4	1
2	8	4	7	1	9	5	3	6

Intermedio - 65

9	3	8	2	1	7	5	6	4
1	6	4	3	5	8	9	2	7
2	7	5	6	4	9	1	3	8
3	2	9	5	7	1	8	4	6
7	4	1	8	3	6	2	9	5
5	8	6	4	9	2	3	7	1
6	9	7	1	8	3	4	5	2
8	5	2	9	6	4	7	1	3
4	1	3	7	2	5	6	8	9

Intermedio - 66

8	3	2	5	6	7	4	9	1
1	4	7	8	3	9	2	6	5
5	9	6	1	2	4	7	8	3
6	5	8	7	1	2	9	3	4
3	1	9	6	4	5	8	7	2
7	2	4	9	8	3	5	1	6
4	8	1	2	7	6	3	5	9
2	6	5	3	9	8	1	4	7
9	7	3	4	5	1	6	2	8

Intermedio - 67

5	9	4	3	6	8	2	1	7
8	7	2	5	9	1	6	3	4
6	3	1	2	7	4	5	9	8
9	8	7	1	2	5	4	6	3
4	1	6	9	3	7	8	5	2
2	5	3	8	4	6	9	7	1
7	2	8	6	5	3	1	4	9
3	6	9	4	1	2	7	8	5
1	4	5	7	8	9	3	2	6

Intermedio - 68

7	4	5	9	2	1	6	3	8
3	2	9	4	8	6	5	1	7
8	6	1	5	7	3	2	4	9
2	3	7	6	4	9	1	8	5
4	9	8	2	1	5	3	7	6
1	5	6	8	3	7	9	2	4
5	1	3	7	9	8	4	6	2
6	7	4	3	5	2	8	9	1
9	8	2	1	6	4	7	5	3

Intermedio - 69

6	3	2	4	1	8	7	9	5
1	4	9	2	5	7	6	8	3
7	5	8	3	6	9	4	1	2
4	7	1	8	9	5	3	2	6
2	6	3	7	4	1	9	5	8
9	8	5	6	2	3	1	4	7
8	2	7	1	3	4	5	6	9
5	1	6	9	7	2	8	3	4
3	9	4	5	8	6	2	7	1

Intermedio - 70

6	2	9	4	3	1	5	8	7
3	8	5	2	7	9	6	4	1
4	1	7	6	5	8	9	3	2
9	4	1	8	2	7	3	6	5
5	3	8	1	9	6	7	2	4
7	6	2	3	4	5	8	1	9
2	7	3	9	6	4	1	5	8
8	9	6	5	1	2	4	7	3
1	5	4	7	8	3	2	9	6

Intermedio - 71

7	3	1	2	5	4	6	9	8
6	8	5	7	9	3	1	2	4
9	2	4	1	6	8	3	5	7
4	6	8	5	2	1	9	7	3
1	9	7	8	3	6	2	4	5
2	5	3	4	7	9	8	1	6
8	4	2	3	1	7	5	6	9
5	7	6	9	8	2	4	3	1
3	1	9	6	4	5	7	8	2

Intermedio - 72

8	9	1	2	3	6	7	5	4
2	5	3	7	4	1	9	6	8
7	6	4	5	9	8	1	3	2
6	2	7	3	5	9	4	8	1
5	4	9	8	1	2	3	7	6
1	3	8	4	6	7	5	2	9
4	8	6	9	7	3	2	1	5
9	7	2	1	8	5	6	4	3
3	1	5	6	2	4	8	9	7

Intermedio - 73

1	5	4	9	3	7	6	2	8
9	6	7	2	5	8	3	1	4
2	3	8	1	6	4	9	5	7
4	2	6	8	1	5	7	9	3
8	1	5	3	7	9	4	6	2
3	7	9	6	4	2	1	8	5
6	4	1	5	2	3	8	7	9
5	8	3	7	9	1	2	4	6
7	9	2	4	8	6	5	3	1

Intermedio - 74

5	3	2	7	4	1	9	6	8
8	4	6	9	2	3	1	5	7
7	9	1	6	8	5	4	3	2
9	8	7	5	6	2	3	1	4
1	2	3	4	9	7	5	8	6
4	6	5	3	1	8	7	2	9
3	5	8	2	7	9	6	4	1
2	7	4	1	3	6	8	9	5
6	1	9	8	5	4	2	7	3

Intermedio - 75

6	8	9	3	2	5	1	7	4
4	7	5	9	8	1	2	3	6
2	1	3	7	4	6	8	9	5
7	6	4	5	3	2	9	8	1
5	2	1	6	9	8	7	4	3
9	3	8	4	1	7	5	6	2
3	4	7	1	5	9	6	2	8
1	9	2	8	6	3	4	5	7
8	5	6	2	7	4	3	1	9

Intermedio - 76

1	9	8	5	2	3	7	6	4
5	6	4	8	9	7	3	1	2
3	2	7	6	4	1	9	5	8
4	3	6	7	8	2	5	9	1
2	5	1	4	6	9	8	7	3
8	7	9	3	1	5	2	4	6
9	4	3	1	5	8	6	2	7
7	1	2	9	3	6	4	8	5
6	8	5	2	7	4	1	3	9

Intermedio - 77

7	1	8	5	2	6	9	4	3
5	9	3	4	1	7	2	6	8
6	2	4	9	3	8	5	7	1
1	6	7	8	4	5	3	2	9
8	4	5	3	9	2	7	1	6
9	3	2	6	7	1	4	8	5
4	5	6	2	8	3	1	9	7
2	8	1	7	5	9	6	3	4
3	7	9	1	6	4	8	5	2

Intermedio - 78

3	7	5	4	1	2	9	8	6
8	4	2	6	3	9	1	7	5
6	1	9	5	8	7	4	2	3
1	3	8	9	6	4	2	5	7
4	5	7	1	2	8	6	3	9
2	9	6	3	7	5	8	1	4
7	6	3	2	4	1	5	9	8
9	8	1	7	5	6	3	4	2
5	2	4	8	9	3	7	6	1

Intermedio - 79

2	6	9	7	3	4	5	1	8
8	7	1	9	2	5	3	6	4
3	5	4	6	8	1	7	2	9
5	3	2	1	9	7	4	8	6
6	9	8	2	4	3	1	7	5
4	1	7	5	6	8	2	9	3
1	2	6	4	5	9	8	3	7
9	4	3	8	7	2	6	5	1
7	8	5	3	1	6	9	4	2

Intermedio - 80

2	1	9	4	3	8	7	5	6
4	5	3	1	6	7	9	2	8
6	8	7	2	9	5	3	4	1
1	6	4	8	7	3	5	9	2
9	3	2	6	5	1	4	8	7
8	7	5	9	4	2	6	1	3
7	4	1	5	8	6	2	3	9
5	2	6	3	1	9	8	7	4
3	9	8	7	2	4	1	6	5

Intermedio - 81

7	4	3	8	5	1	6	9	2
6	1	9	4	3	2	8	7	5
5	8	2	7	6	9	4	1	3
4	5	7	9	2	8	1	3	6
2	6	8	5	1	3	9	4	7
3	9	1	6	7	4	5	2	8
8	2	5	1	4	7	3	6	9
1	3	6	2	9	5	7	8	4
9	7	4	3	8	6	2	5	1

Intermedio - 82

9	3	6	7	5	1	2	4	8
8	2	7	4	6	3	1	9	5
4	5	1	8	9	2	3	6	7
5	4	2	1	7	6	8	3	9
6	8	3	2	4	9	5	7	1
7	1	9	5	3	8	6	2	4
3	9	5	6	1	7	4	8	2
2	6	4	9	8	5	7	1	3
1	7	8	3	2	4	9	5	6

Intermedio - 83

9	2	7	8	6	5	1	4	3
1	4	5	7	9	3	6	8	2
8	3	6	4	2	1	5	9	7
6	1	2	5	7	4	9	3	8
4	9	8	1	3	2	7	6	5
7	5	3	9	8	6	4	2	1
2	7	4	3	5	9	8	1	6
5	6	1	2	4	8	3	7	9
3	8	9	6	1	7	2	5	4

Intermedio - 84

2	9	8	6	1	7	5	4	3
5	6	1	2	3	4	8	7	9
4	3	7	8	5	9	6	1	2
1	7	3	5	9	6	2	8	4
6	5	2	1	4	8	9	3	7
9	8	4	7	2	3	1	5	6
8	1	9	3	7	2	4	6	5
3	2	6	4	8	5	7	9	1
7	4	5	9	6	1	3	2	8

Difícil - 1

5	9	8	2	6	4	3	7	1
6	7	2	3	8	1	5	4	9
3	4	1	5	9	7	8	2	6
9	1	5	4	2	3	6	8	7
7	2	3	6	5	8	9	1	4
4	8	6	1	7	9	2	5	3
1	6	9	8	4	2	7	3	5
8	5	4	7	3	6	1	9	2
2	3	7	9	1	5	4	8	6

Difícil - 2

5	1	7	9	6	2	3	8	4
2	8	6	3	7	4	1	5	9
4	3	9	1	5	8	6	2	7
3	5	2	7	1	6	4	9	8
8	9	1	2	4	3	5	7	6
7	6	4	5	8	9	2	3	1
9	7	5	6	3	1	8	4	2
6	2	8	4	9	5	7	1	3
1	4	3	8	2	7	9	6	5

Difícil - 3

9	8	4	3	7	5	2	1	6
2	7	1	6	8	4	9	5	3
6	5	3	1	9	2	4	8	7
8	3	7	9	2	1	5	6	4
5	6	2	8	4	3	7	9	1
1	4	9	7	5	6	3	2	8
7	1	8	5	3	9	6	4	2
3	2	5	4	6	8	1	7	9
4	9	6	2	1	7	8	3	5

Difícil - 4

4	8	6	2	3	1	7	5	9
2	7	9	6	4	5	1	3	8
1	5	3	8	7	9	6	4	2
9	2	7	1	8	3	5	6	4
5	4	8	7	2	6	3	9	1
6	3	1	5	9	4	8	2	7
3	9	5	4	1	8	2	7	6
7	1	4	3	6	2	9	8	5
8	6	2	9	5	7	4	1	3

Difícil - 5

9	8	5	1	6	7	4	2	3
3	6	1	4	8	2	9	5	7
2	7	4	3	5	9	8	6	1
5	3	8	2	1	6	7	4	9
7	1	6	9	4	8	5	3	2
4	2	9	7	3	5	1	8	6
1	5	7	8	2	3	6	9	4
6	4	3	5	9	1	2	7	8
8	9	2	6	7	4	3	1	5

Difícil - 6

4	9	8	1	7	6	3	2	5
7	1	3	9	5	2	4	8	6
6	2	5	4	3	8	1	9	7
1	4	9	2	6	5	7	3	8
2	8	7	3	4	9	5	6	1
3	5	6	8	1	7	2	4	9
9	3	4	5	8	1	6	7	2
8	6	1	7	2	4	9	5	3
5	7	2	6	9	3	8	1	4

Difícil - 7

9	4	7	3	2	1	8	5	6
3	2	5	4	6	8	9	1	7
1	8	6	7	5	9	3	4	2
6	1	8	9	3	5	7	2	4
2	9	4	8	7	6	1	3	5
5	7	3	2	1	4	6	8	9
8	5	9	6	4	3	2	7	1
4	6	2	1	8	7	5	9	3
7	3	1	5	9	2	4	6	8

Difícil - 8

4	7	1	6	2	3	9	5	8
6	5	8	9	4	7	1	2	3
2	3	9	5	8	1	7	4	6
3	2	4	1	9	8	6	7	5
9	8	6	3	7	5	2	1	4
5	1	7	4	6	2	8	3	9
7	4	2	8	5	9	3	6	1
1	9	5	7	3	6	4	8	2
8	6	3	2	1	4	5	9	7

Difícil - 9

6	9	7	1	2	8	3	5	4
4	2	8	9	3	5	7	6	1
3	5	1	7	4	6	2	9	8
8	4	2	6	7	9	1	3	5
1	6	9	3	5	2	4	8	7
7	3	5	8	1	4	6	2	9
9	8	4	2	6	1	5	7	3
2	1	3	5	8	7	9	4	6
5	7	6	4	9	3	8	1	2

Difícil - 10

5	6	1	4	2	7	9	8	3
3	4	8	9	6	1	2	7	5
2	9	7	3	8	5	1	6	4
9	5	3	7	4	6	8	2	1
1	2	6	8	5	3	7	4	9
8	7	4	2	1	9	3	5	6
6	1	2	5	9	8	4	3	7
7	8	5	1	3	4	6	9	2
4	3	9	6	7	2	5	1	8

Difícil - 11

9	1	2	8	6	3	4	5	7
3	4	5	1	2	7	8	9	6
6	7	8	5	9	4	2	3	1
1	5	4	2	7	9	3	6	8
8	3	9	4	5	6	1	7	2
7	2	6	3	1	8	9	4	5
4	8	7	6	3	1	5	2	9
5	9	1	7	4	2	6	8	3
2	6	3	9	8	5	7	1	4

Difícil - 12

5	3	6	1	4	8	9	2	7
4	9	2	3	7	6	1	8	5
8	7	1	2	5	9	4	6	3
1	4	7	5	6	3	8	9	2
9	5	3	4	8	2	6	7	1
2	6	8	7	9	1	5	3	4
3	8	5	9	2	4	7	1	6
6	1	4	8	3	7	2	5	9
7	2	9	6	1	5	3	4	8

Difícil - 13

2	7	5	9	8	6	1	3	4
4	3	6	7	5	1	9	8	2
9	1	8	2	3	4	5	7	6
5	2	1	8	4	3	6	9	7
7	6	9	1	2	5	8	4	3
3	8	4	6	9	7	2	1	5
6	9	7	3	1	2	4	5	8
1	5	3	4	6	8	7	2	9
8	4	2	5	7	9	3	6	1

Difícil - 14

5	4	3	2	1	6	9	8	7
1	2	9	4	8	7	6	5	3
7	6	8	5	9	3	1	2	4
6	5	2	7	4	8	3	9	1
3	1	7	9	2	5	4	6	8
8	9	4	3	6	1	2	7	5
4	3	6	8	7	9	5	1	2
9	8	5	1	3	2	7	4	6
2	7	1	6	5	4	8	3	9

Difícil - 15

3	7	6	1	4	9	2	8	5
1	2	5	8	6	3	7	4	9
8	9	4	5	2	7	3	1	6
7	3	9	2	1	6	8	5	4
6	8	1	3	5	4	9	2	7
5	4	2	7	9	8	6	3	1
2	6	3	4	7	1	5	9	8
9	1	8	6	3	5	4	7	2
4	5	7	9	8	2	1	6	3

Difícil - 16

4	9	2	1	3	7	5	8	6
6	1	8	2	9	5	3	4	7
5	3	7	4	6	8	9	2	1
8	4	3	5	1	9	6	7	2
1	7	5	3	2	6	4	9	8
2	6	9	7	8	4	1	3	5
3	8	4	6	7	1	2	5	9
9	2	1	8	5	3	7	6	4
7	5	6	9	4	2	8	1	3

Difícil - 17

6	5	2	8	7	4	9	1	3
8	7	9	1	6	3	5	4	2
4	3	1	2	9	5	7	6	8
7	4	8	5	3	9	1	2	6
9	2	6	4	8	1	3	5	7
3	1	5	7	2	6	4	8	9
2	6	4	9	5	7	8	3	1
5	8	7	3	1	2	6	9	4
1	9	3	6	4	8	2	7	5

Difícil - 18

3	5	7	2	8	9	1	6	4
1	9	4	3	5	6	7	2	8
6	8	2	7	4	1	5	9	3
7	6	5	8	2	4	3	1	9
2	1	3	6	9	5	4	8	7
8	4	9	1	7	3	2	5	6
4	2	6	9	1	7	8	3	5
5	3	8	4	6	2	9	7	1
9	7	1	5	3	8	6	4	2

Difícil - 19

1	9	5	3	6	8	2	4	7
4	2	7	5	1	9	8	6	3
6	3	8	2	4	7	5	1	9
3	1	9	7	2	5	4	8	6
7	6	4	1	8	3	9	5	2
5	8	2	4	9	6	3	7	1
8	7	6	9	3	4	1	2	5
2	4	3	6	5	1	7	9	8
9	5	1	8	7	2	6	3	4

Difícil - 20

4	7	9	5	1	6	2	3	8
5	2	3	8	9	7	4	1	6
6	1	8	2	4	3	7	5	9
8	5	2	6	3	4	9	7	1
1	3	7	9	2	5	8	6	4
9	4	6	7	8	1	3	2	5
7	8	1	4	6	2	5	9	3
2	6	4	3	5	9	1	8	7
3	9	5	1	7	8	6	4	2

Difícil - 21

1	9	4	2	8	5	6	7	3
7	8	6	4	1	3	9	2	5
3	5	2	7	9	6	4	1	8
4	6	8	3	7	9	1	5	2
5	1	3	8	4	2	7	9	6
9	2	7	6	5	1	8	3	4
8	4	5	9	3	7	2	6	1
2	3	9	1	6	4	5	8	7
6	7	1	5	2	8	3	4	9

Difícil - 22

8	2	7	5	9	4	1	3	6
3	6	5	1	8	7	2	9	4
4	1	9	6	2	3	7	8	5
9	4	1	3	8	5	6	7	2
6	3	2	4	7	9	5	1	8
7	5	8	2	6	1	9	4	3
5	9	3	7	4	2	8	6	1
2	7	4	8	1	6	3	5	9
1	8	6	9	3	5	4	2	7

Difícil - 23

6	5	2	9	3	1	7	4	8
3	9	8	7	4	6	1	2	5
1	4	7	2	5	8	9	6	3
8	6	9	4	7	2	5	3	1
4	1	5	3	8	9	6	7	2
7	2	3	6	1	5	8	9	4
2	7	1	5	9	3	4	8	6
5	3	4	8	6	7	2	1	9
9	8	6	1	2	4	3	5	7

Difícil - 24

8	9	3	7	4	2	1	5	6
1	7	6	9	5	8	3	2	4
5	4	2	3	6	1	7	8	9
9	1	5	2	8	3	4	6	7
2	6	4	5	7	9	8	3	1
7	3	8	6	1	4	5	9	2
4	8	9	1	3	6	2	7	5
6	5	1	8	2	7	9	4	3
3	2	7	4	9	5	6	1	8

Difícil - 25

5	8	4	3	2	9	1	7	6
2	3	1	8	7	6	9	5	4
7	6	9	1	4	5	2	8	3
9	7	6	2	1	8	4	3	5
4	2	3	9	5	7	8	6	1
1	5	8	4	6	3	7	9	2
6	4	5	7	8	2	3	1	9
3	1	7	5	9	4	6	2	8
8	9	2	6	3	1	5	4	7

Difícil - 26

1	6	4	5	3	7	8	2	9
5	2	9	4	1	8	3	6	7
7	3	8	2	9	6	1	5	4
9	5	1	8	6	3	7	4	2
6	8	7	1	2	4	5	9	3
3	4	2	9	7	5	6	1	8
4	1	6	7	8	2	9	3	5
8	9	5	3	4	1	2	7	6
2	7	3	6	5	9	4	8	1

Difícil - 27

2	5	6	9	3	4	7	8	1
1	8	3	6	7	5	2	4	9
7	4	9	2	1	8	6	5	3
9	2	4	7	5	3	8	1	6
6	7	5	1	8	2	9	3	4
3	1	8	4	9	6	5	7	2
5	3	2	8	4	9	1	6	7
8	9	7	3	6	1	4	2	5
4	6	1	5	2	7	3	6	8

Difícil - 28

4	1	5	7	2	3	8	6	9
7	8	2	6	9	4	3	5	1
6	9	3	8	5	1	2	4	7
3	7	9	2	6	5	1	8	4
8	2	6	4	1	7	5	9	3
1	5	4	9	3	8	7	2	6
2	4	1	3	8	6	9	7	5
9	3	7	5	4	2	6	1	8
5	6	8	1	7	9	4	3	2

Difícil - 29

6	2	5	8	7	4	3	9	1
9	3	8	5	1	6	7	2	4
1	4	7	2	9	3	5	8	6
5	6	4	3	8	2	1	7	9
7	9	2	1	4	5	8	6	3
8	1	3	9	6	7	4	5	2
2	8	9	4	5	1	6	3	7
4	5	6	7	3	9	2	1	8
3	7	1	6	2	8	9	4	5

Difícil - 30

7	8	6	9	4	1	3	5	2
3	4	9	8	5	2	1	6	7
2	5	1	6	3	7	8	9	4
5	2	7	3	6	9	4	8	1
6	9	4	7	1	8	2	3	5
8	1	3	4	2	5	6	7	9
9	3	8	1	7	4	5	2	6
1	6	2	5	9	3	7	4	8
4	7	5	2	8	6	9	1	3

Difícil - 31

1	5	4	7	9	6	8	3	2
3	7	9	2	4	8	1	6	5
6	2	8	3	5	1	7	9	4
2	4	1	9	8	7	6	5	3
7	8	6	4	3	5	9	2	1
5	9	3	6	1	2	4	7	8
8	6	2	5	7	4	3	1	9
9	1	5	8	6	3	2	4	7
4	3	7	1	2	9	5	8	6

Difícil - 32

1	8	6	3	9	2	5	7	4
7	3	4	6	5	1	8	2	9
2	5	9	8	7	4	6	3	1
6	2	3	1	8	9	7	4	5
4	7	8	5	3	6	9	1	2
9	1	5	4	2	7	3	6	8
5	9	2	7	1	3	4	8	6
3	6	1	9	4	8	2	5	7
8	4	7	2	6	5	1	9	3

Difícil - 33

3	9	5	1	4	8	7	6	2
2	7	6	5	9	3	1	4	8
4	1	8	6	7	2	3	9	5
9	4	2	3	5	7	6	8	1
7	8	1	4	2	6	9	5	3
5	6	3	9	8	1	2	7	4
1	5	9	2	6	4	8	3	7
6	3	7	8	1	5	4	2	9
8	2	4	7	3	9	5	1	6

Difícil - 34

8	2	4	1	6	5	3	9	7
7	1	9	4	2	3	5	6	8
3	6	5	7	9	8	1	4	2
4	8	6	9	1	7	2	5	3
5	3	1	6	8	2	9	7	4
2	9	7	5	3	4	8	1	6
9	5	8	3	7	6	4	2	1
6	4	3	2	5	1	7	8	9
1	7	2	8	4	9	6	3	5

Difícil - 35

4	5	3	7	1	2	6	8	9
1	8	7	4	9	6	5	2	3
2	6	9	5	3	8	7	4	1
7	3	5	1	4	9	8	6	2
8	4	2	3	6	7	9	1	5
9	1	6	8	2	5	3	7	4
5	7	4	9	8	1	2	3	6
6	9	1	2	7	3	4	5	8
3	2	8	6	5	4	1	9	7

Difícil - 36

4	5	2	9	6	3	8	1	7
9	1	8	7	2	4	6	5	3
3	7	6	5	1	8	4	2	9
8	4	3	6	7	1	2	9	5
2	6	5	3	4	9	1	7	8
1	9	7	2	8	5	3	6	4
7	2	9	8	3	6	5	4	1
5	8	4	1	9	2	7	3	6
6	3	1	4	5	7	9	8	2

Difícil - 37

4	5	7	1	2	3	8	9	6
9	6	3	5	8	4	7	2	1
2	1	8	9	6	7	4	3	5
7	9	4	3	5	1	6	8	2
1	2	6	8	4	9	3	5	7
8	3	5	2	7	6	9	1	4
6	8	9	4	1	2	5	7	3
3	4	2	7	9	5	1	6	8
5	7	1	6	3	8	2	4	9

Difícil - 38

2	3	5	6	8	7	4	9	1
8	7	9	5	1	4	3	6	2
1	4	6	3	9	2	5	7	8
7	9	1	2	5	6	8	4	3
4	5	2	9	3	8	6	1	7
3	6	8	4	7	1	9	2	5
9	2	3	1	6	5	7	8	4
6	8	4	7	2	3	1	5	9
5	1	7	8	4	9	2	3	6

Difícil - 39

3	4	7	6	8	2	9	5	1
2	8	9	5	3	1	7	4	6
1	6	5	4	9	7	3	8	2
6	1	4	3	5	9	8	2	7
7	2	8	1	4	6	5	3	9
5	9	3	2	7	8	6	1	4
9	3	6	8	1	4	2	7	5
4	5	2	7	6	3	1	9	8
8	7	1	9	2	5	4	6	3

Difícil - 40

1	3	5	6	4	9	7	8	2
4	2	8	1	5	7	3	9	6
6	9	7	3	8	2	4	5	1
8	1	9	4	2	5	6	3	7
5	4	3	8	7	6	1	2	9
2	7	6	9	3	1	5	4	8
3	5	1	2	6	8	9	7	4
7	6	2	5	9	4	8	1	3
9	8	4	7	1	3	2	6	5

Difícil - 41

7	8	1	5	2	6	9	4	3
4	6	2	3	9	8	7	1	5
3	5	9	4	1	7	6	8	2
9	3	5	2	6	1	4	7	8
6	2	7	8	4	3	1	5	9
8	1	4	9	7	5	2	3	6
1	7	8	6	5	2	3	9	4
5	9	6	1	3	4	8	2	7
2	4	3	7	8	9	5	6	1

Difícil - 42

7	8	5	6	1	2	3	4	9
3	2	6	4	8	9	7	1	5
1	4	9	7	3	5	6	2	8
4	9	2	8	5	3	1	7	6
6	5	1	2	9	7	4	8	3
8	3	7	1	4	6	5	9	2
5	7	4	3	2	8	9	6	1
9	1	8	5	6	4	2	3	7
2	6	3	9	7	1	8	5	4

Difícil - 43

2	6	1	5	8	7	3	9	4
7	5	4	9	6	3	8	1	2
8	9	3	4	1	2	7	5	6
4	2	8	3	5	1	9	6	7
9	7	5	6	2	4	1	3	8
3	1	6	8	7	9	2	4	5
5	4	7	1	3	8	6	2	9
6	3	2	7	9	5	4	8	1
1	8	9	2	4	6	5	7	3

Difícil - 44

6	2	5	3	4	1	8	7	9
9	8	1	7	6	2	4	5	3
3	7	4	9	5	8	6	2	1
1	3	9	8	7	4	5	6	2
2	4	6	1	9	5	7	3	8
8	5	7	2	3	6	1	9	4
7	1	8	6	2	3	9	4	5
5	6	2	4	8	9	3	1	7
4	9	3	5	1	7	2	8	6

Difícil - 45

5	4	3	2	8	1	7	6	9
8	1	7	4	6	9	3	5	2
2	6	9	3	7	5	4	1	8
6	2	4	1	3	8	9	7	5
7	3	1	9	5	4	8	2	6
9	8	5	7	6	2	1	3	4
4	7	2	5	1	9	6	8	3
1	9	8	6	2	3	5	4	7
3	5	6	8	4	7	2	9	1

Difícil - 46

4	6	3	5	7	1	2	8	9
9	2	5	3	8	4	6	7	1
7	1	8	6	9	2	3	4	5
2	9	7	4	6	5	1	3	8
1	5	4	2	3	8	9	6	7
8	3	6	9	1	7	4	5	2
6	7	2	8	4	9	5	1	3
5	4	1	7	2	3	8	9	6
3	8	9	1	5	6	7	2	4

Difícil - 47

7	3	4	1	9	8	6	2	5
1	5	9	3	2	6	8	4	7
8	2	6	7	4	5	3	9	1
9	1	3	6	7	4	2	5	8
6	8	7	5	1	2	4	3	9
5	4	2	9	8	3	1	7	6
3	9	8	2	6	7	5	1	4
4	7	5	8	3	1	9	6	2
2	6	1	4	5	9	7	8	3

Difícil - 48

8	7	5	1	9	6	4	2	3
4	3	1	8	7	2	6	5	9
6	9	2	5	4	3	1	7	8
7	6	8	4	1	5	3	9	2
5	1	3	6	2	9	7	8	4
9	2	4	7	3	8	5	6	1
3	5	7	9	8	1	2	4	6
1	8	6	2	5	4	9	3	7
2	4	9	3	6	7	8	1	5

Difícil - 49

3	2	1	6	9	4	7	5	8
4	8	7	5	1	2	6	9	3
5	6	9	8	3	7	1	4	2
7	5	4	2	6	9	8	3	1
6	3	8	4	5	1	2	7	9
1	9	2	7	8	3	4	6	5
9	4	3	1	7	8	5	2	6
8	7	6	9	2	5	3	1	4
2	1	5	3	4	6	9	8	7

Difícil - 50

4	8	5	9	2	7	6	1	3
6	3	7	4	8	1	5	2	9
9	1	2	6	3	5	4	7	8
8	9	1	7	6	2	3	4	5
7	5	4	1	9	3	8	6	2
3	2	6	8	5	4	1	9	7
5	7	3	2	1	6	9	8	4
2	6	8	3	4	9	7	5	1
1	4	9	5	7	8	2	3	6

Difícil - 51

3	5	9	8	6	7	4	1	2
6	1	8	5	4	2	3	7	9
4	2	7	1	3	9	5	6	8
7	6	3	4	9	8	1	2	5
9	4	1	6	2	5	8	3	7
5	8	2	3	7	1	9	4	6
8	3	6	2	5	4	7	9	1
1	7	4	9	8	6	2	5	3
2	9	5	7	1	3	6	8	4

Difícil - 52

3	9	7	4	8	2	6	1	5
1	8	4	9	5	6	3	2	7
5	2	6	3	7	1	8	4	9
9	6	8	1	4	5	2	7	3
7	1	2	6	9	3	5	8	4
4	3	5	8	2	7	9	6	1
6	5	1	7	3	8	4	9	2
2	7	9	5	6	4	1	3	8
8	4	3	2	1	9	7	5	6

Difícil - 53

9	6	7	1	3	2	5	4	8
5	4	2	7	9	8	6	3	1
1	3	8	4	5	6	9	2	7
4	9	1	5	2	7	3	8	6
7	2	5	8	6	3	4	1	9
6	8	3	9	4	1	2	7	5
2	1	6	3	8	9	7	5	4
3	7	4	6	1	5	8	9	2
8	5	9	2	7	4	1	6	3

Difícil - 54

4	5	3	8	9	7	2	6	1
8	2	9	4	1	6	3	5	7
1	6	7	3	5	2	9	4	8
3	8	2	1	4	9	5	7	6
6	1	4	2	7	5	8	9	3
7	9	5	6	8	3	1	2	4
9	4	1	5	6	8	7	3	2
2	7	8	9	3	4	6	1	5
5	3	6	7	2	1	4	8	9

Difícil - 55

4	6	7	8	5	3	1	9	2
8	1	9	6	4	2	5	3	7
2	3	5	9	1	7	6	4	8
9	8	6	4	2	1	7	5	3
3	2	4	5	7	9	8	1	6
5	7	1	3	8	6	4	2	9
6	5	2	1	9	8	3	7	4
7	4	3	2	6	5	9	8	1
1	9	8	7	3	4	2	6	5

Difícil - 56

4	2	9	6	8	1	5	7	3
7	8	3	5	4	2	6	1	9
1	6	5	7	9	3	2	8	4
3	7	4	8	5	6	9	2	1
2	5	1	3	7	9	8	4	6
6	9	8	1	2	4	7	3	5
9	1	6	2	3	8	4	5	7
8	4	7	9	1	5	3	6	2
5	3	2	4	6	7	1	9	8

Difícil - 57

1	6	9	4	3	5	7	2	8
5	7	2	9	1	8	6	3	4
8	3	4	7	2	6	9	5	1
7	9	8	5	4	1	3	6	2
3	4	6	8	9	2	5	1	7
2	5	1	6	7	3	4	8	9
4	2	5	3	8	9	1	7	6
6	1	7	2	5	4	8	9	3
9	8	3	1	6	7	2	4	5

Difícil - 58

2	6	7	4	8	1	3	9	5
8	4	9	2	5	3	7	6	1
3	1	5	7	9	6	2	8	4
6	3	8	9	4	2	5	1	7
4	7	2	8	1	5	9	3	6
9	5	1	3	6	7	4	2	8
1	2	6	5	7	9	8	4	3
7	8	3	1	2	4	6	5	9
5	9	4	6	3	8	1	7	2

Difícil - 59

4	1	5	2	8	7	3	6	9
8	3	9	5	1	6	7	2	4
6	7	2	9	3	4	1	8	5
1	6	4	7	5	3	8	9	2
3	2	7	6	9	8	4	5	1
5	9	8	4	2	1	6	7	3
2	8	1	3	6	9	5	4	7
9	4	3	8	7	5	2	1	6
7	5	6	1	4	2	9	3	8

Difícil - 60

6	3	9	7	5	2	8	1	4
1	5	4	9	3	8	6	2	7
2	8	7	4	1	6	5	3	9
5	6	1	2	9	4	3	7	8
7	2	3	1	8	5	4	9	6
9	4	8	6	7	3	1	5	2
3	1	2	8	4	7	9	6	5
4	7	5	3	6	9	2	8	1
8	9	6	5	2	1	7	4	3

Difícil - 61

9	4	8	3	2	1	6	5	7
5	3	6	9	8	7	2	4	1
1	7	2	5	4	6	3	9	8
4	1	5	8	3	2	9	7	6
6	9	3	1	7	5	8	2	4
2	8	7	4	6	9	5	1	3
7	2	1	6	9	3	4	8	5
8	6	9	7	5	4	1	3	2
3	5	4	2	1	8	7	6	9

Difícil - 62

1	9	3	2	5	4	8	6	7
8	6	5	3	9	7	1	2	4
7	2	4	8	1	6	9	3	5
2	3	8	5	6	1	4	7	9
6	5	7	9	4	3	2	1	8
9	4	1	7	2	8	6	5	3
5	7	9	6	8	2	3	4	1
3	1	6	4	7	9	5	8	2
4	8	2	1	3	5	7	9	6

Difícil - 63

9	4	7	5	2	8	3	6	1
2	8	1	7	3	6	5	9	4
6	5	3	9	1	4	8	2	7
1	2	5	4	7	9	6	8	3
4	3	6	1	8	2	7	5	9
8	7	9	3	6	5	1	4	2
3	6	4	8	9	1	2	7	5
7	9	2	6	5	3	4	1	8
5	1	8	2	4	7	9	3	6

Difícil - 64

7	8	9	4	1	2	6	3	5
2	1	3	5	9	6	8	7	4
5	4	6	8	3	7	9	2	1
8	7	2	3	6	4	1	5	9
1	3	4	9	2	5	7	6	8
9	6	5	1	7	8	2	4	3
3	9	7	6	5	1	4	8	2
6	5	8	2	4	9	3	1	7
4	2	1	7	8	3	5	9	6